Angelika Landmann

Jakutisch
Kurzgrammatik

Angelika Landmann

Jakutisch
Kurzgrammatik

2016

Harrassowitz Verlag · Wiesbaden

Bibliografische Information der Deutschen Nationalbibliothek
Die Deutsche Nationalbibliothek verzeichnet diese Publikation in der Deutschen
Nationalbibliografie; detaillierte bibliografische Daten sind im Internet
über http://dnb.dnb.de abrufbar.

Bibliographic information published by the Deutsche Nationalbibliothek
The Deutsche Nationalbibliothek lists this publication in the Deutsche
Nationalbibliografie; detailed bibliographic data are available on the internet
at http://dnb.dnb.de.

Informationen zum Verlagsprogramm finden Sie unter
http://www.harrassowitz-verlag.de
© Otto Harrassowitz GmbH & Co. KG, Wiesbaden 2016
Das Werk einschließlich aller seiner Teile ist urheberrechtlich geschützt.
Jede Verwertung außerhalb der engen Grenzen des Urheberrechtsgesetzes ist ohne
Zustimmung des Verlages unzulässig und strafbar. Das gilt insbesondere
für Vervielfältigungen jeder Art, Übersetzungen, Mikroverfilmungen und
für die Einspeicherung in elektronische Systeme.
Gedruckt auf alterungsbeständigem Papier
Druck und Verarbeitung: ⊕ Hubert & Co., Göttingen
Printed in Germany
ISBN 978-3-447-10667-2

meiner verehrten Lehrerin
Frau Prof. Dr. Ulla Johansen
in Dankbarkeit gewidmet

Inhaltsverzeichnis

Vorwort VII

Lautlehre 1
1. Das Alphabet – 2. Suffixbildung – 3. Vokalharmonie – 4. Konsonantenharmonie – 5. Buchstabenfolge – 6. Reduzierung von Stammvokalen – 7. Konsonantenhäufung – 8. Vokalausfall – 9. Betonung

I. Das Substantiv 11
1. Grundform und Nominativ – 2. Der Plural – 3. Der Dativ – 4. Der Akkusativ – 5. Der Lokativ – 6. Der Ablativ – 7. Der Instrumental – 8. Der Partitiv – 9. Der Komitativ – 10. Der Komparativ – 11. Die Possessivsuffixe – 12. Zusammengesetzte Substantive

II. Das Adjektiv 24
1. Der Gebrauch des Adjektivs – 2. Der Komparativ – 3. Der Superlativ – 4. Intensivformen des Adjektivs

III. Das Adverb 27

IV. Pronomina 28
1. Demonstrativpronomina – 2. Personalpronomina – 3. Possessivpronomina – 4. Das Reflexivpronomen – 5. Das reziproke Pronomen – 6. Indefinitpronomina – 7. Interrogativpronomina – 8. Fragepartikeln

V. Die Zahlen 36
1. Die Kardinalzahlen – 2. Kollektivzahlen – 3. Approximativzahlen – 4. Limitativzahlen – 5. Multiplikativzahlen – 6. Die Uhrzeit – 7. Ordinalzahlen – 8. Das Datum – 9. Das Alter – 10. Bruchzahlen – 11. Distributivzahlen

VI. Postpositionen 44
1. Postpositionen mit dem Nominativ – 2. Postpositionen mit dem Dativ – 3. Postpositionen mit dem Akkusativ – 4. Postpositionen mit dem Ablativ

VII. Zeiten und Modi des Hilfsverbs *sein* 51
1. Das Präsens – 2. Das Verb **буол-** – 3. Die Form **эбит** – 4. Die Form **илик** – 5. Die Form **этэ** – 6. Das Präteritum

VIII. Zeiten und Modi des Vollverbs	57

1. Allgemeines – 2. Präsens- und Futurformen – 3. Aufforderungsformen – 4. Perfektformen – 5. Zusammengesetzte Verbformen – 6. Das Präteritum auf **-эр/ө-иир** – 7. Der Konditional auf **-тэр**

IX. Verbalnomina	81

1. Allgemeines – 2. Das Verbalsubstantiv auf **-эр/ө-иир** – 3. Das Partizip auf **-эр/ө-иир** – 4. Das Verbalsubstantiv auf **-бит** – 5. Das Partizip auf **-бит** – 6. Das Verbalnomen auf **-иэх** – 7. Das Verbalnomen auf **-тэх** – 8. Das Verbalnomen **илик**

X. Konverbien	95

1. Das Konverb auf **-э/ө-ии** – 2. Verbalkompositionen mit dem Konverb auf **-э/ө-ии** – 3. Das Konverb auf **-(э)н** – 4. Verbalkompositionen mit dem Konverb auf **-(э)н** – 5. Die Formen **дии** und **диэн** – 6. Die Konverbien auf **-(и)м(и)нэ** und **-бэккэ** – 7. Das Konverb auf **ө-ээри** – 8. Verbalkompositionen mit dem Konverb auf **ө-ээри** – 9. Das Konverb auf **ө-ээт** – 10. Das Konverb auf **-битинэн**

XI. Konjunktionen	108
XII. Partikeln	110
XIII. Wortbildung	113

1. Substantive auf **-hит** – 2. Substantive auf **ө-ии** – 3. Partizipien auf **ө-ээччи** – 4. Adjektive auf **-лээ** – 5. Negation von Adjektiven – 6. Das Zugehörigkeitssuffix **-ҕы/-тээҕы** – 7. Das Äquativsuffix **-лии** 8. Adverbien auf **-тик** – 9. Verbstämme auf **-лээ** – 10. Reflexive Verbstämme – 11. Reziproke Verbstämme – 12. Kausative Verbstämme – 13. Das Passiv

Anhang	123
Übersicht über die jakutischen Suffixe	123
Die deutschen Nebensätze und ihre jakutischen Entsprechungen	126
Tabellen zur Possessivdeklination der Substantive	128
Tabellen zur Konjugation der Verben	130
Alphabetisches Vokabelverzeichnis	135
Sachregister	145
Literaturverzeichnis	147

Vorwort

Die vorliegende Grammatik des Jakutischen vermittelt auf 147 Seiten die wichtigsten Grundlagen der jakutischen Grammatik in knapper, übersichtlicher und leicht verständlicher Form, ohne dass es der Kenntnis einer anderen Turksprache oder des Russischen bedarf. Die einzelnen Kapitel sind nach grammatischen Kategorien geordnet; die Erklärungen werden jeweils durch Beispielsätze aus der Alltagssprache veranschaulicht.

Der Anhang enthält eine Liste der im Buch behandelten Suffixe, eine Übersicht über die deutschen Nebensätze und ihre jakutischen Entsprechungen, Tabellen zur Possessivdeklination der Substantive sowie zur Konjugation der Verben, ein alphabetisches Vokabelverzeichnis, ein Sachregister sowie ein Verzeichnis der verwendeten Literatur.

Zur Darstellung wurde das heute in Jakutien verwendete modifizierte kyrillische Alphabet gewählt; auf eine Transkription mit lateinischen Buchstaben wurde bewusst verzichtet.

Von ganzem Herzen danke ich Herrn Benedikt Römer sowie Frau Maria Fedorova aus Nam in Jakutien, ohne deren engagierte Mithilfe es mir nicht möglich gewesen wäre, Antworten auf viele meiner Fragen zum Jakutischen zu finden.

Eine ganz besondere Freude ist es mir, diese Grammatik meiner hoch geschätzten Lehrerin, Frau Ulla Johansen, zu widmen, die 1968 den Grundstein zu meinen Türkischkenntnissen gelegt und durch ihre Vorlesungen mein Interesse auf die Turkvölker Asiens gelenkt hat.

Heidelberg, im Mai 2016   Angelika Landmann

Lautlehre

1. Das Alphabet

Schrift		Aussprache	Beispielwort	
А	а	kurzes, hinteres a wie in Blatt	ат	Pferd
Аа	аа	langes, hinteres a	аан	Tür
Б	б	b	балык	Fisch
Г	г	vorderes g wie in Gerste	кинигэ	Buch
	ҕ	hinteres g wie in Gong	аҕа	Vater
Д	д	d	дойду	Land
Дь	дь	weiches, stimmhaftes dsch	дьон	Leute
И	и	kurzes, vorderes i wie in Kind	илим	Netz
Ии	ии	langes, vorderes i wie in Sieb	тиис	Zahn
Иэ	иэ	sehr kurz ausgesprochener Diphthong iä	дьиэ	Haus
	й	deutsches j	ийэ	Mutter
К	к	k	кэргэн	Familie
Л	л	in hell vokalisierten Wörtern vorderes l	Лена	Lena
		in dunkel vokalisierten Wörtern hinteres l	лаампа	Lampe
М	м	m	мас	Baum
Н	н	n	нэдиэлэ	Woche
	ҥ	ng wie in Klang	хатыҥ	Birke
Нь	нь	weiches, vorderes n oder nj	ньирэй	Kalb
	ннь	doppeltes нь	оонньуу	Spiel
О	о	kurzes, offenes o wie in Dorf	от	Gras
Оо	оо	langes, offenes o	хохоон	Gedicht
Ө	ө	kurzes, offenes ö wie in Köln	көтөр	Vogel
Өө	өө	langes, offenes ö	көһөөччү	Nomade
П	п	p	парк	Park
Р	р	Zungen-r	сирэй	Gesicht
С	с	stimmloses s	сурук	Brief
Һ	һ	gehauchtes h wie in Hemd	киһи	Mensch
Т	т	t	тимир	Eisen
У	у	kurzes u wie in Mund	уйа	Nest
Уу	уу	langes u	уу	Wasser

Уо	уо	sehr kurz ausgesprochener Diphthong uo	уол	Sohn
Y	ү	kurzes ü wie in Hütte	түннүк	Fenster
Үү	үү	langes ü	үүт	Milch
Үө	үө	sehr kurz ausgesprochener Diphthong üö	күөл	See
Х	х	hinteres ch wie in Dach	хос	Zimmer
Ч	ч	stimmloses tsch	чэй	Tee
Ы	ы	kurzes, hinteres ï	ыт	Hund
Ыы	ыы	langes, hinteres ï	кыыс	Tochter
Ыа	ыа	sehr kurz ausgesprochener Diphthong ïa	ыал	Nachbar
Э	э	kurzes ä wie in Berg	эт	Fleisch
Ээ	ээ	langes ä	эмээхсин	alte Frau

Folgende Buchstaben treten nur in Lehnwörtern auf, deren ursprüngliche russische Schreibung beibehalten wurde:

В	в	w		автобус	Bus
Е	е	am Wortanfang sowie nach Vokal je		поезд	Zug
		nach Konsonant e		учебник	Lehrbuch
Ё	ё	o bei gleichzeitiger vorderer Aussprache des vorausgehenden Konsonanten		самолёт	Flugzeug
Ж	ж	stimmhaftes sch		инженер	Ingenieur
З	з	stimmhaftes s		завод	Betrieb
Ф	ф	f		футбол	Fußball
Ц	ц	ts		концерт	Konzert
Ш	ш	sch		шах	Schach
Ю	ю	ju		ювелир	Juwelier
Я	я	ja		яблоко	Apfel

Großschreibung erfolgt nur bei Eigennamen oder am Satzanfang.

2. Suffixbildung

Ein charakteristisches Merkmal der Turksprachen, zu denen das Jakutische zählt, ist die Tatsache, dass sie als agglutinierende Sprachen ihre grammatischen Funktionen durch angehängte Silben ausdrücken. Beim Anfügen dieser sogenannten **Suffixe** sind sowohl bezüglich der Vokale wie auch der Konsonanten im Jakutischen eine ganze Reihe von Regeln zu beachten.

3. Vokalharmonie

Ein weiteres Merkmal ist die sogenannte **Vokalharmonie**. Sie besagt, dass ein Wort entweder nur helle bzw. vordere oder nur dunkle bzw. hintere Vokale besitzt. Gleichzeitig ist das ganze Wort samt seinen Konsonanten hell bzw. dunkel auszusprechen. Bei Wörtern, die diesem Lautgesetz nicht folgen, handelt es sich um Fremdwörter.

> Helle/vordere Vokale sind э, и, ө, ү,
> dunkle/hintere Vokale sind а, ы, о, у.

Damit das Gesetz der Vokalharmonie gewahrt bleibt, erhält ein Wort mit hellen Vokalen Suffixe mit ebenfalls hellen Vokalen und ein Wort mit dunklen Vokalen Suffixe mit ebenfalls dunklen Vokalen. Dabei richtet sich der Vokal des Suffixes nach dem Vokal der unmittelbar vorangehenden Silbe; bei Diphthongen ist der jeweils erste Vokal ausschlaggebend. Bezüglich des Jakutischen gilt (vgl. hierzu die Übersicht über die jakutischen Suffixe S. 123 ff):

Ein Suffix, das **Vokalharmonie 1** folgt, erhält:

nach	den Vokal
э, и, иэ, ү, үө	э
ө	ө
а, ы, ыа, у, уо	а
о	о

дьиэ	Haus	дьиэ-лэр	Häuser
күөгү	Angel	күөгү-лэр	Angeln
көлө	Fuhrwerk	көлө-лөр	Fuhrwerke
аҕа	Vater	аҕа-лар	Väter
дойду	Land	дойду-лар	Länder
оҕо	Kind	оҕо-лор	Kinder

Lehnwörter, deren russische Schreibung beibehalten wurde, erhalten Suffixe mit hinteren Vokalen:

факультет	Fakultät	факультет-тар	Fakultäten
университет	Universität	университет-тар	Universitäten

Ein Suffix, das **Vokalharmonie 2** folgt, erhält:

nach	den Vokal/Diphthong
э, и, иэ	и/иэ
ү, үө, ө	ү/үө
а, ы, ыа	ы/ыа
у, уо, о	у/уо

дьиэ	Haus	дьиэ-бит	unser Haus
күөгү	Angel	күөгү-бүт	unsere Angel
көлө	Fuhrwerk	көлө-бүт	unser Fuhrwerk
аҕа	Vater	аҕа-быт	unser Vater
дойду	Land	дойду-бут	unser Land
оҕо	Kind	оҕо-бут	unser Kind

Vh. 1	Vokale	Vh. 2
э	э, и, иэ	и/иэ
	ү, үө	ү/үө
ө	ө	
а	а, ы, ыа	ы/ыа
	у, уо	у/уо
о	о	

4. Konsonantenharmonie

Ein besonderes Merkmal des Jakutischen ist, dass Konsonanten beim Anfügen von Suffixen zum Teil erheblichen Veränderungen unterliegen. So verändern sich die Konsonanten **б, л, т, ҕ** am Beginn von Suffixen je nachdem, welcher Vokal oder Konsonant ihnen unmittelbar vorausgeht:

nach	э, ө, а, о, Diphthong	и, ү, ы, у	л	й, р	м, н, ҥ	к, п, с, т	х
б wird zu	б	б	б	б	м	п	п
л wird zu	л	л	л	д	н	т	т
т wird zu	т	т	л	д	н	т	т
ҕ wird zu	ҕ	г	г	г	ҥ	к	х

дьиэ	Haus	дьиэ-бит	unser Haus
ини	jüngerer Bruder	ини-бит	unser jüngerer Bruder
сиэл	Mähne	сиэл-бит	unsere Mähne
сирэй	Gesicht	сирэй-бит	unser Gesicht
илим	(Fang)netz	илим-мит	unser (Fang)netz
килиэп	Brot	килиэп-пит	unser Brot
бэлэх	Geschenk	бэлэх-пит	unser Geschenk

дьиэ	Haus	дьиэ-лэр	Häuser
ини	jüngerer Bruder	ини-лэр	jüngere Brüder
сиэл	Mähne	сиэл-лэр	Mähnen
сирэй	Gesicht	сирэй-дэр	Gesichter
илим	(Fang)netz	илим-нэр	(Fang)netze
килиэп	Brot	килиэп-тэр	Brote
бэлэх	Geschenk	бэлэх-тэр	Geschenke

дьиэ	Haus	дьиэ-тээҕи	im Haus (befindlich)
ини	jüngerer Bruder	ини-тээҕи	beim jüngeren Bruder
сиэл	Mähne	сиэл-лээҕи	in der Mähne
сирэй	Gesicht	сирэй-дээҕи	im Gesicht
илим	(Fang)netz	илим-нээҕи	im (Fang)netz
килиэп	Brot	килиэп-тээҕи	im Brot
бэлэх	Geschenk	бэлэх-тээҕи	im Geschenk

дьиэ	Haus	дьиэ-ҕит	euer Haus
ини	jüngerer Bruder	ини-гит	euer jüngerer Bruder
сиэл	Mähne	сиэл-гит	eure Mähne
сирэй	Gesicht	сирэй-гит	euer Gesicht
илим	(Fang)netz	илим-ӊит	euer (Fang)netz
килиэп	Brot	килиэп-кит	euer Brot
бэлэх	Geschenk	бэлэх-хит	euer Geschenk

Stimmhafte Konsonanten am Ende von Lehnwörtern, deren ursprüngliche russische Schreibung beibehalten wurde, werden wie stimmlose Konsonanten behandelt:

колхоз	Kolchose	колхоз-тар	Kolchosen
сад	Garten	сад-тар	Gärten

Bei Suffixen, die mit **б** oder mit **ҕ** beginnen (vgl. S. 4), unterliegen die Endkonsonanten **н** und **т** der jeweils vorausgehenden Silbe einer sogenannten regressiven Assimilation:

| н-б > мм | кэргэн | Familie | кэргэм-мит | unsere Familie |
| т-б > пп | иһит | Geschirr | иһип-пит | unser Geschirr |

| н-ҕ > ңң | кэргэн | Familie | кэргэң-ңит | eure Familie |
| т-ҕ > кк | иһит | Geschirr | иһик-кит | euer Geschirr |

Gelegentlich wird auch ein auslautendes **р** vor einem Pluralsuffix assimiliert:

| р-л > лл | дьахтар | Frau | дьахтал-лар | Frauen |
| | баар | er ist anwesend | баал-лар | sie sind anwesend |

Umgekehrt werden die stimmlosen Endkonsonanten **к**, **х**, **п** und **с** bei Anschluss eines Suffixes, das mit Vokal beginnt, zu **г**, **ҕ**, **б** und **һ**:

к > г	бөһүөлэк	Siedlung	бөһүөлэг-им	meine Siedlung
х > ҕ	бэлэх	Geschenk	бэлэҕ-им	mein Geschenk
п > б	килиэп	Brot	килиэб-им	mein Brot
с > һ	тиис	Zahn	тииһ-им	mein Zahn

Als Teil der Konsonantenverbindungen **лт** und **рт** wird auch **т** stimmhaft:

| лт > лд | булт | Jagd | булд-ум | meine Jagdbeute |
| рт > рд | спорт | Sport | спорд-ум | mein Sport |

Diese Lautgesetze durchziehen die gesamte jakutische Grammatik. Mit ihrer Kenntnis genügt es, eine einzige Form in ihrer Zusammensetzung zu kennen, um die jeweils geltenden Regeln abzuleiten und selbständig alle übrigen Formen zu bilden. Daher werden im Folgenden Suffixe, die Vokalharmonie 1 unterliegen, mit dem Vokal **э**, und Suffixe, die Vokalharmonie 2 unterliegen, mit **и** oder **иэ** vorgestellt. Ebenso stehen die Konsonanten **б**, **л**, **т** und **ҕ** am Beginn von Suffixen stellvertretend für ihre auf S. 4 beschriebenen lautlichen Veränderungen.

5. Buchstabenfolge

Allgemein wird beim Anfügen von Suffixen das Aufeinandertreffen von Vokalen vermieden. Dies geschieht dadurch, dass entweder der Anfangsvokal eines Suffixes entfällt oder aber der Endvokal eines Verbstamms oder Zahlwortes mit dem Anfangsvokal des Suffixes verschmilzt oder entfällt. Im ersten Fall beginnen die im Folgenden wie auch im Anhang (vgl. S. 123 ff.) wiedergegebenen Suffixe mit einem in Klammern gesetzten Anfangsbuchstaben; der zweite Fall ist durch (ө)- gekennzeichnet:

-(и)м:

кэргэн	Familie	кэргэн-им	meine Familie
дьиэ	Haus	дьиэ-м	mein Haus

(ө)-иэ(ҕэ):

кэл-	kommen	кэл-иэ(ҕэ)	er wird kommen
кэпсээ-	erzählen	кэпс-иэ(ҕэ)	er wird erzählen

6. Reduzierung und Längung von Vokalen

Unter bestimmten Voraussetzungen werden lange Vokale und Diphthonge der jeweils letzten Silbe eines Wortes bei Anschluss von Suffixen zu einfachen Vokalen. Dies tritt einerseits ein, wenn an einen auf einen langen Vokal endenden mehrsilbigen Verbstamm ein einzelner Konsonant anschließt:

үлэлээ-	arbeiten	үлэлэ-т-	arbeiten lassen
аhаа-	essen	аhа-т-	zu essen geben

Dies tritt zum anderen ein, wenn bei einsilbigen Wörtern auf Konsonant, die einen Diphthong enthalten, ein Suffix folgt, das mit Vokal beginnt:

биэр-	geben	бэр-илин-	gegeben werden
биэс	fünf	бэh-ис	der fünfte

Umgekehrt werden bei Ausrufen die weiten Vokale **э, ө, а, о** der letzten Silbe eines Wortes gelängt und die engen Vokale **и, ү, ы, у** zu Diphthongen:

оҕолор	Kinder	оҕолоор!	Kinder!
доҕорум	mein Freund	доҕоруом!	mein Freund!
кэлбэтэх	er ist nicht gekommen	кэлбэтээх!	er ist nicht gekommen!

7. Konsonantenhäufung

Bei Substantiven, Zahlwörtern und Verbstämmen, die auf zwei Konsonanten enden, wird eine weitere Häufung von Konsonanten dadurch vermieden, dass beim Anfügen von Suffixen der zweite von ihnen entfällt. Dennoch bewirkt er, dass der Konsonant des anschließenden Suffixes stimmlos ist:

поезд	Zug	поез-пыт	unser Zug
спорт	Sport	спор-пут	unser Sport
булт	Jagd	бул-пут	unsere Jagdbeute
студент	Student	студен-пыт	unser Student
эмп	Medikament	эм-пит	unser Medikament

кэрт-	hauen, fällen	кэр-пэт	er fällt nicht
илт-	führen, mitnehmen	ил-пэт	er nimmt nicht mit
хаамп-	gehen, schreiten	хаам-пат	er geht nicht
үрк-	erschrecken	үр-пэт	er erschrickt nicht
уҥк-	verehren	уҥ-пат	er verehrt nicht

8. Vokalausfall

Das Jakutische besitzt einige zweisilbige, konsonantisch auslautende Substantive, Zahlwörter und Verbstämme, deren enge Vokale **и, ү, ы** oder **у** der zweiten Silbe entfallen, wenn das anschließende Suffix mit einem Vokal beginnt:

умун-	vergessen	умн-ар	er vergisst
төнүн-	zurückkehren	төнн-өр	er kehrt zurück
таҥын-	sich anziehen	таҥн-ар	er zieht sich an

Dabei werden die Konsonanten **г**, **ҕ**, **б** und **h**, die nun nicht mehr zwischen Vokalen liegen, stimmlos, das heißt, zu **к**, **х**, **п** und **с** (vgl. S. 6):

г-с > кс	угус-	einpacken helfen	укс-ар	er hilft einpacken
ҕ-с > хс	таҕыс-	hinausgehen	тахс-ар	er geht hinaus
б-с > пс	тубус-	besser werden	тупс-ар	er wird besser
h-т > ст	иhит-	(zu)hören	ист-эр	er hört (zu)

Treffen infolge von Vokalverlust die Konsonanten **г**, **ҕ**, **б**, **h** und **т** auf den Konsonanten **н**, wird das **н** jeweils zu **т**:

г-н > кт	уhугун-	aufwachen	уhукт-ар	er wacht auf
ҕ-н > хт	аҕын-	sich sehnen	ахт-ар	er sehnt sich
б-н > пт	сабын-	sich schließen	сапт-ар	er schließt sich
h-н > ст	уhун-	schwimmen	уст-ар	er schwimmt
т-н > тт	кытын-	teilnehmen	кытт-ар	er nimmt teil

Beim Aufeinandertreffen von **й** und **н** wird das **н** zu **д**:

й-н > йд	сайын-	sich entwickeln	сайд-ар	er entwickelt sich

Die Verbindungen **рт** und **рй** werden jeweils zu **лдь**:

р-т > лдь	сырыт-	gehen	сылдь-ар	er geht
р-й > лдь	ыарый-	krank sein	ыалдь-ар	er ist krank

Bei reflexiv erweiterten Verbstämmen auf **л** sowie bei passiven Verbstämmen wird das **н** an das vorausgehende **л** assimiliert:

л-н > лл	бил-ин-	bekannt sein	билл-эр	er ist bekannt
	тиг-илин-	genäht werden	тигилл-эр	er wird genäht

Treffen jedoch bei Substantiven wie **илин** *Vorderseite*, **кэлин** *Rückseite*, **орун** *Stelle, Platz* **л** oder **р** mit **н** zusammen, kommt es zu einer Assimilation der Konsonanten **л** und **р** an das unmittelbar anschließende **н**:

л-н > нн	илин	Vorderseite	инн-э	seine Vorderseite
р-н > нн	орун	Stelle, Platz	онн-о	sein Platz

Der Vokalverlust bleibt auch bestehen, wenn ein Suffix anschließt, das mit -б, -ҕ oder -л beginnt; in diesem Fall wird ein Hilfsvokal eingeschoben:

умун-	vergessen	умн-у-бат	er vergisst nicht
төнүн-	zurückkehren	төнн-ү-бэт	er kehrt nicht zurück
таңын-	sich anziehen	таңн-ы-бат	er zieht sich nicht an

уһус-	einpacken helfen	укс-у-бат	er hilft nicht einpacken
таҕыс-	hinausgehen	тахс-ы-бат	er geht nicht hinaus
тубус-	besser werden	тупс-у-бат	er wird nicht besser
иһит-	(zu)hören	ист-и-бэт	er hört nicht (zu)

уһугун-	aufwachen	уһукт-у-бат	er wacht nicht auf
аҕын-	sich sehnen	ахт-ы-бат	er sehnt sich nicht
сабын-	sich schließen	сапт-ы-бат	er schließt sich nicht
уһун-	schwimmen	уст-у-бат	er schwimmt nicht
кытын-	teilnehmen	кытт-ы-бат	er nimmt nicht teil

| сайын- | sich entwickeln | сайд-ы-бат | er entwickelt sich nicht |

сырыт-	gehen	сылдь-ы-бат	er geht nicht
ыарый-	krank sein	ыалдь-ы-бат	er ist nicht krank
бил-ин-	bekannt sein	билл-и-бэт	er ist nicht bekannt
тиг-илин-	genäht werden	тигилл-и-бэт	er wird nicht genäht

| илин | Vorderseite | инн-и-бит | unsere Vorderseite |
| орун | Stelle, Platz | онн-у-бут | unser Platz |

9. Betonung

Die Betonung innerhalb eines Wortes liegt nicht grundsätzlich auf einer bestimmten Silbe. Zwar werden zahlreiche Wörter auf der letzten Silbe betont, doch gibt es auch solche, die nicht dieser Regel folgen. Bestehende Betonungsregeln werden daher jeweils an der entsprechenden Stelle behandelt.

I. Das Substantiv

1. Grundform und Nominativ des Substantivs

Das jakutische Substantiv hat keinen bestimmten Artikel; es unterscheidet auch nicht zwischen männlich, weiblich und sächlich:

nach	Vokal, Diphth.	й, л, р	м, н, ҥ	к, т, с, п, х
э, и	дьиэ *Haus*	сирэй *Gesicht*	кэргэн *Familie*	килиэп *Brot*
ү, ү	күөгү *Angel*	күөл *See*	күн *Sonne, Tag*	үтүлүк *Fausthandschuh*
ө	көлө *Fuhrwerk*	өй *Gedanke*	өтөн *Wildtaube*	өтөх *Gehöft*
а, ы	аҕа *Vater*	убай *älterer Bruder*	аан *Tür*	ат *Pferd*
у, у	дойду *Land*	уол *Sohn*	ойуун *Schamane*	сурук *Brief*
о	оҕо *Kind*	доҕор *Freund*	орон *Bett*	олох *Leben*

In seiner Grundform dient es sowohl als Sammelbegriff wie auch im konkreten Fall als Subjektkasus, das heißt als Nominativ Singular:

үөрэнээччи	bedeutet demnach *Schüler/Schülerin, Schüler/Schülerinnen* wie auch *der Schüler/die Schülerin*.

Das Demonstrativpronomen *dieser, diese, dieses* lautet **бу** (vgl. S. 28):

бу үөрэнээччи	bedeutet *dieser Schüler/diese Schülerin*.

Das Zahlwort **биир** *eins* dient gelegentlich auch als unbestimmter Artikel:

биир үөрэнээччи	bedeutet *ein Schüler/eine Schülerin*.

Das Substantiv

Nach Mengenangaben bleibt das Substantiv meist in seiner Grundform:

| үс үөрэнээччи | bedeutet *drei Schüler/drei Schülerinnen*, |
| элбэх үөрэнээччи | bedeutet *viele Schüler/viele Schülerinnen*. |

Der Nominativ antwortet auf die Fragen **ким** *wer*, **туох/тугуй** *was*:

| Бу ким(ий)? | Wer ist das? |
| Бу – Сергей. | Das ist Sergej. |

| Бу тугуй? | Was ist das? |
| Бу – кинигэ. | Das ist ein Buch. |

2. Der Plural

Der Plural wird durch das Suffix **-лэр** wiedergegeben. Er wird verwendet, um die Mehrzahl von Einzelpersonen oder -dingen zu bezeichnen:

| Бу оҕолор үөрэнээччилэр. | Diese Kinder sind Schüler. |
| Үөрэнээччилэр кыһамньылаахтар. | Die Schüler sind fleißig. |

nach	Vokal, Diphth.	й, л, р	м, н, ҥ	к, т, с, п, х
э, и	дьиэлэр	сирэйдэр	кэргэннэр	килиэптэр
ү, ө	күөгүлэр	күөллэр	күннэр	үтүлүктэр
ө	көлөлөр	өйдөр	өтөннөр	өтөхтөр
а, ы	аҕалар	убайдар	ааннар	аттар
у, у	дойдулар	уолаттар*	ойууннар	суруктар
о	оҕолор	доҕоттор**	ороннор	олохтор

Eine Reihe von Substantiven weist eine unregelmäßige Pluralbildung auf:

кыыс	Mädchen, Tochter	кыргыттар	Mädchen, Töchter
уол	Junge, Sohn	уолаттар*	Jungen, Söhne
доҕор	Freund	доҕоттор**	Freunde
оҕонньор	alter Mann	оҕонньоттор	alte Männer
эмээхсин	alte Frau	эмээхситтэр	alte Frauen

Substantiv	Plural	Kasus	
дьиэ	-лэр	---	Nominativ
сирэй		-ҕэ	Dativ-Lokativ
кэргэн		-(н)и	Akkusativ
килиэп		-(т)тэн	Ablativ
		-(и)нэн	Instrumental
		-тэ	Partitiv
		-лиин	Komitativ
		-тээҕэр	Komparativ

3. Der Dativ

Der Dativ antwortet auf die Fragen **кимиэхэ** *wem, zu wem*, **туохха** *wo hinein, wozu*, **ханна** *wohin*. Das Dativsuffix lautet **-ҕэ**. Das Substantiv **киһи** *Mensch*, die Demonstrativ- und Personalpronomina sowie das Fragepronomen **ким** *wer* (vgl. S. 28 f.) haben im Dativ das Suffix **ө-иэхэ**: **киһиэхэ** *dem Menschen*.

Кимиэхэ үтүлүк атыыластыгыт?	Wem habt ihr Fausthandschuhe gekauft?
Оҕолорго үтүлүк атыыластыбыт.	Wir haben den Kindern Fausthandschuhe gekauft.

Ханна бардыҥ?	Wohin gehst du (wörtl.: wohin bist du gegangen)?
Баһаарга бардым.	Ich gehe zum Markt (wörtl.: ich bin zum Markt gegangen).

nach	Vokal, Diphth.	й, л, р	м, н, ҥ	к, т, с, п, х
э, и	дьиэҕэ	сирэйгэ	кэргэҥҥэ	килиэпкэ
ү, υ	күөгүгэ	күөлгэ	күҥҥэ	үтүлүккэ
ө	көлөҕө	өйгө	өтөҥҥө	өтөххө
а, ы	аҕаҕа	убайга	ааҥҥа	акка
у, υ	дойдуга	уолга	ойууҥҥа	сурукка
о	оҕоҕо	доҕорго	ороҥҥо	олоххо

Darüber hinaus gibt der Dativ die zeitliche Dauer, die Ziel- und Zweckrichtung sowie die Höhe des Preises wieder, den man für eine Sache bezahlt hat:

Сергей үс хонукка куоракка барда.	Sergej ist für drei Tage (und Nächte) in die Stadt gefahren.
Мин эһигини сыбаайбаҕа ыҥырабын.	Ich lade euch zur Hochzeit ein.
Кинигэни сүүс биэс уон солкуобайга атыыласпытым.	Ich habe das Buch für 150 Rubel gekauft.

4. Der Akkusativ

Der Akkusativ antwortet auf die Fragen **кими** *wen*, **тугу** *was*. Er wird im Jakutischen zur Bezeichnung eines bestimmten Objekts verwendet. Das Akkusativsuffix lautet **-(н)и**:

Тугу гыннын?	Was hast du gemacht?
Мин бу кинигэни аахтым.	Ich habe dieses Buch gelesen.

nach	Vokal, Diphth.	й, л, р	м, н, ҥ	к, т, с, п, х
э, и	дьиэни	сирэйи	кэргэни	килиэби
ү, ү	күөгүнү	күөлү	күнү	үтүлүгү
ө	көлөнү	өйү	өтөнү	өтөҕү
а, ы	аҕаны	убайы	ааны	аты
у, у	дойдуну	уолу	ойууну	суругу
о	оҕону	доҕору	орону	олоҕу

Ist das Objekt unbestimmt, bleibt das Substantiv in seiner Grundform:

Мин кинигэ аахтым.	Ich habe ein Buch/Bücher gelesen.

Tritt jedoch eine nähere Bestimmung hinzu, sei es eine Mengenangabe oder ein Adjektiv, erhält es das Akkusativsuffix:

Мин хас да кинигэни аахтым.	Ich habe einige Bücher gelesen.
Мин интэриэһинэй кинигэни аахтым.	Ich habe ein interessantes Buch gelesen.

5. Der Lokativ

Der Lokativ wird im Jakutischen durch das gleiche Suffix wiedergegeben wie der Dativ. Die Fragewörter **кимиэхэ**, **туохха** und **ханна** bedeuten demnach auch *bei wem*, *worin* und *wo* (vgl. S. 13):

| Ханна олороҕут? | Wo wohnt ihr? |
| Биһиги куоракка олоробут. | Wir wohnen in der Stadt. |

nach	Vokal, Diphth.	й, л, р	м, н, ҥ	к, т, с, п, х
э, и	дьиэҕэ	сирэйгэ	кэргэнҥэ	килиэпкэ
ү, ү	күөгүгэ	күөлгэ	күнҥэ	үтүлүккэ
ө	көлөҕө	өйгө	өтөнҥө	өтөххө
а, ы	аҕаҕа	убайга	ааҥҥа	акка
у, у	дойдуга	уолга	ойууҥҥа	сурукка
о	оҕоҕо	доҕорго	ороҥҥо	олоххо

Auch die Zeitpanne, innerhalb derer etwas geschieht, wird durch den Lokativ ausgedrückt:

| Поезд иир чааска сэттэ уон километры барар. | Der Zug fährt 70 km in der Stunde. |

Eine Möglichkeit, *haben* bzw. *nicht haben* wiederzugeben, besteht in der Verwendung des Lokativs, verbunden mit **баар** *(es ist) vorhanden* bzw. **суох** *(es ist) nicht vorhanden*:

| Учууталга чаһы баар. | Beim Lehrer befindet sich eine Uhr = der Lehrer hat eine Uhr (bei sich). |

Reste eines eigenständigen Lokativs sind im Zusammenhang mit Substantiven wie **илин** *Vorderseite*, **кэлин** *Rückseite* (vgl. S. 46 f.), mit den Verbalnomina auf **-тэх** (vgl. S. 92) und **илик** (vgl. S. 94), mit einigen Lokaladverbien (vgl. S. 27) sowie mit dem Zugehörigkeitssuffix **-ҕи** (vgl. S. 117) erhalten geblieben. Das hier beschriebene Suffix **-ҕэ** zur Bezeichnung eines Lokativs wird daher im Folgenden als (Dativ-)Lokativ bezeichnet.

6. Der Ablativ

Der Ablativ antwortet auf die Fragen **кимтэн** *von wem*, **туохтан** *woraus, weshalb*, **хантан** *woher*. Das Ablativsuffix lautet **-(т)тэн**; sein Anfangskonsonant т unterliegt keiner Veränderung:

Кимтэн сурук туттуҥ?	Von wem hast du einen Brief erhalten?
Мин доҕотторгон сурук туттум.	Ich habe von Freunden einen Brief erhalten.

Хантан кэллиҥ?	Woher bist du gekommen?
Үлэттэн кэллим.	Ich bin von der Arbeit gekommen.

nach	Vokal, Diphth.	й, л, р	м, н, ҥ	к, т, с, п, х
э, и	дьиэттэн	сирэйтэн	кэргэнтэн	килиэптэн
ү, ү	күөгүттэн	күөлтэн	күнтэн	үтүлүктэн
ө	көлөттөн	өйтөн	өтөнтөн	өтөхтөн
а, ы	аҕаттан	убайтан	аантан	аттан
у, у	дойдуттан	уолтан	ойуунтан	суруктан
о	оҕоттон	доҕортон	оронтон	олохтон

Des Weiteren gibt er den zeitlichen Ausgangspunkt, die Einkaufs- und Informationsquelle, das Material, aus dem etwas hergestellt wird, wie auch die Ursache wieder, aus der heraus etwas geschieht:

Ахсынньы 25-с күнүттэн күн сыыйа уһуур.	Ab dem 25. Dezember werden die Tage schrittweise länger.
Мин баһаартан хортуоска атыыластым.	Ich habe auf dem Markt Kartoffeln gekauft.
Сураҕы радиоттан иһиттибит.	Wir haben die Nachricht im Radio gehört.
Кымыһы биэ үүтүттэн оҥороллор.	Sie stellen den Kumys aus Stutenmilch her.
Мин ити сурахтан улаханнык үөрбүтүм.	Ich habe mich über diese Nachricht sehr gefreut.
Тымныыттан титирээтибит.	Wir haben vor Kälte gezittert.

7. Der Instrumental

Der Instrumental antwortet auf die Fragen **киминэн** *durch wen*, **тугунан** *womit, wodurch*. Seine Anwendung ist äußerst vielfältig, denn durch ihn wird erheblich mehr als nur das verwendete Transport-, Lebens- oder sonstige Hilfsmittel bezeichnet. Das Suffix zu seiner Bildung lautet **-(и)нэн**:

Автобуһунан кэллибит.	Wir sind mit dem Bus gekommen.
Ат отунан аһыыр.	Pferde ernähren sich von Gras.
Мин харандааһынан суруйдум.	Ich habe mit dem Bleistift geschrieben.
Төлөпүөнүнэн кэпсэттибит.	Wir haben uns telefonisch unterhalten.
Драманы телевизорынан көрдөрбүттэрэ.	Sie haben das Drama im Fernsehen gezeigt.
Дьокуускай бириэмэтинэн билигин 9 чаас сарсыарда.	Nach Jakutsker Zeit ist es jetzt neun Uhr morgens.
Куоска түннүгүнэн киирбит.	Die Katze ist wohl durch das Fenster hereingekommen.
Кымыс икки күнүнэн бэлэм буолар.	Der Kumys ist in zwei Tagen fertig.
Биир чааһынан кэлиэм.	Ich werde in einer Stunde kommen.

nach	Vokal, Diphth.	й, л, р	м, н, ҥ	к, т, с, п, х
э, и	дьиэнэн	сирэйинэн	кэргэнинэн	килиэбинэн
ү, ү	күөгүнэн	күөлүнэн	күнүнэн	үтүлүгүнэн
ө	көлөнөн	өйүнэн	өтөнүнэн	өтөҕүнэн
а, ы	аҕанан	убайынан	ааныынан	атынан
у, у	дойдунан	уолунан	ойуунунан	суругунан
о	оҕонон	доҕорунан	оронунан	олоҕунан

Darüber hinaus werden eine Reihe von Verben im Zusammenhang mit dem Instrumental verwendet:

Ити оҕо ниэмэс тылынан саҥарар.	Dieses Kind spricht Deutsch.
Аҕам учууталынан үлэлиир.	Mein Vater arbeitet als Lehrer.
Мин эһигин бырааһынньыгынан эҕэрдэлиибин.	Ich gratuliere euch zum Fest.

Кыргыттар спордунан дьарыктаналлар.	Die Mädchen beschäftigen sich mit Sport.
Өрүстэр уонна күөллэр балыгынан баайдар.	Die Flüsse und Seen sind reich an Fischen.
Кыһын өрүстэр, күөллэр бары халын муухунан бүрүллэллэр.	Im Winter werden alle Flüsse und Seen von einer dicken Eisschicht bedeckt.
Ити оҕо ангинанан ыарыйбыт.	Dieses Kind ist an Angina erkrankt.

8. Der Partitiv

Der Partitiv antwortet auf die Frage **туохта** *wovon*; durch ihn wird ein Teil einer größeren Menge bezeichnet. Er tritt fast ausschließlich im Zusammenhang mit Formen eines Imperativs oder Nezessitativs auf. Das Suffix zu seiner Bildung lautet **-тэ**:

Миэхэ икки киилэ яблоката ыйаа эрэ, баһаалыста.	Bitte wiege mir zwei Kilo von den Äpfeln ab.
Килиэптэ сиэ, чэйдэ ис.	Iss von dem Brot, trinke von dem Tee.
Чэйгэ үүттэ кут, саахарда ыл.	Gieße von der Milch in den Tee, nimm von dem Zucker.
Кинигэтэ аах.	Lies (eines) von den Büchern = lies ein Buch.

nach	Vokal, Diphth.	й, л, р	м, н, ҥ	к, т, с, п, х
э, и	дьиэтэ	сирэйдэ	кэргэннэ	килиэптэ
ү, у	күөгүтэ	күөллэ	күннэ	үтүлүктэ
ө	көлөтө	өйдө	өтөннө	өтөхтө
а, ы	аҕата	убайда	аанна	атта
у, у	дойдута	уолла	ойуунна	сурукта
о	оҕото	доҕордо	оронно	олохто

9. Der Komitativ

Der Komitativ antwortet auf die Fragen **кимниин** *mit wem*, **туохтуун** *womit*. Er bezeichnet die Person oder Sache, mit der man etwas gemeinsam unternimmt. Das Suffix zur seiner Bildung lautet **-лиин**:

Мария оҕолордуун ханна эрэ барбыт.	Maria ist mit den Kindern irgendwohin gegangen.
Ыт куоскалыын доҕордоспот.	Ein Hund freundet sich nicht mit einer Katze an.
Оҕо таңастыын утуйбут.	Das Kind ist in Kleidern (wörtl.: mit den Kleidern) eingeschlafen.

nach	Vokal, Diphth.	й, л, р	м, н, ң	к, т, с, п, х
э, и	дьиэлиин	сирэйдиин	кэргэнниин	килиэптиин
ү, ү	күөгүлүүн	күөллүүн	күннүүн	үтүлүктүүн
ө	көлөлүүн	өйдүүн	өтөннүүн	өтөхтүүн
а, ы	аҕалыын	убайдыын	аанныын	аттыын
у, у	дойдулуун	уоллуун	ойууннуун	суруктуун
о	оҕолуун	доҕордуун	ороннуун	олохтуун

10. Der Komparativ

Der jakutische Komparativ antwortet auf die Fragen **кимнээҕэр** *im Vergleich zu wem, als wer*, **туохтааҕар** *im Vergleich wozu, als was*. Das Suffix zu seiner Bildung lautet **–тээҕэр**:

Ый сиргэ күннээҕэр чугас.	Der Mond ist der Erde näher als die Sonne.
Эһэ бөрөтөөҕөр күүстээх, бөрө эһэтээҕэр түргэн.	Ein Bär ist stärker als ein Wolf, ein Wolf ist schneller als ein Bär.

nach	Vokal, Diphth.	й, л, р	м, н, ң	к, т, с, п, х
э, и	дьиэтээҕэр	сирэйдээҕэр	кэргэннээҕэр	килиэптээҕэр
ү, ү	күөгүтээҕэр	күөллээҕэр	күннээҕэр	үтүлүктээҕэр
ө	көлөтөөҕөр	өйдөөҕөр	өтөннөөҕөр	өтөхтөөҕөр
а, ы	аҕатааҕар	убайдааҕар	ааннааҕар	аттааҕар
у, у	дойдутааҕар	уоллааҕар	ойууннааҕар	суруктааҕар
о	оҕотооҕор	доҕордооҕор	ороннооҕор	олохтооҕор

11. Die Possessivsuffixe

Substantiv	Plural	Possessive	
дьиэ	-лэр	-(и)м	mein
сирэй		-(и)ҥ	dein
кэргэн		-(т)э	sein/ihr
килиэп		-бит	unser
		-ҕит	euer/Ihr
		-лэрэ	ihr

Auch die Possessive werden im Jakutischen durch Suffixe wiedergegeben. Da ein Wort das gleiche Suffix nur einmal erhält, ergeben sich bei Substantiven mit regelmäßiger Pluralbildung in den 3. Personen insgesamt drei verschiedene Bedeutungen der Form auf **–лэрэ**:

дьиэ-лэр-э	seine Häuser
дьиэ-лэрэ	ihr Haus
дьиэ-лэр-лэрэ	ihre Häuser

In den 1. und 2. Personen kann das Besitzverhältnis durch ein vorangestelltes Personalpronomen zusätzlich verstärkt werden:

(Биһиги) дьиэбит саҥа.	Unser Haus ist neu.

Da das Jakutische keinen Genitiv verwendet, bleibt in den 3. Personen der Eigentümer in seiner Grundform, während der Eigentumsgegenstand das Possessivsuffix der 3. Person erhält:

Доҕорбут дьиэтэ саҥа.	Unser Freund sein Haus ist neu = das Haus unseres Freundes ist neu.

Werden mehrere Substantive miteinander verbunden, erhalten die jeweils mittleren ein Suffix **–(т)ин**, das an einen Genitiv erinnert:

Доҕорбут уолун дьиэтэ саҥа.	Das Haus des Sohnes unseres Freundes ist neu.
Доҕорбут уолун дьиэтин түннүктэрэ саҥа.	Die Fenster des Hauses des Sohnes unseres Freundes sind neu.

nach	Vokal, Diphth.	й, л, р	м, н, ҥ	к, т, с, п, х
э, и	дьиэм	сирэйим	кэргэним	килиэбим
	дьиэҥ	сирэйиҥ	кэргэниҥ	килиэбиҥ
	дьиэтэ	сирэйэ	кэргэнэ	килиэбэ
	дьиэбит	сирэйбит	кэргэммит	килиэппит
	дьиэҕит	сирэйгит	кэргэнҥит	килиэпкит
	дьиэлэрэ	сирэйдэрэ	кэргэннэрэ	килиэптэрэ
ү, ү	күөгүм	күөлүм	күнүм	үтүлүгүм
	күөгүҥ	күөлүҥ	күнүҥ	үтүлүгүҥ
	күөгүтэ	күөлэ	күнэ	үтүлүгэ
	күөгүбүт	күөлбүт	күммүт	үтүлүкпүт
	күөгүгүт	күөлгүт	күнҥүт	үтүлүккүт
	күөгүлэрэ	күөллэрэ	күннэрэ	үтүлүктэрэ
ө	көлөм	өйүм	өтөнүм	өтөҕүм
	көлөҥ	өйүҥ	өтөнүҥ	өтөҕүҥ
	көлөтө	өйө	өтөнө	өтөҕө
	көлөбүт	өйбүт	өтөммүт	өтөхпүт
	көлөҕүт	өйгүт	өтөнҥүт	өтөххүт
	көлөлөрө	өйдөрө	өтөннөрө	өтөхтөрө
а, ы	аҕам	убайым	ааным	атым
	аҕаҥ	убайыҥ	аанын	атыҥ
	аҕата	убайа	аана	ата
	аҕабыт	убайбыт	ааммыт	аппыт
	аҕаҕыт	убайгыт	аанҥыт	аккыт
	аҕалара	убайдара	ааннара	аттара
у, у	дойдум	уолум	ойуунум	суругум
	дойдуҥ	уолуҥ	ойуунуҥ	суругуҥ
	дойдута	уола	ойууна	суруга
	дойдубут	уолбут	ойууммут	сурукпут
	дойдугут	уолгут	ойууҥут	суруккут
	дойдулара	уоллара	ойууннара	суруктара
о	оҕом	доҕорум	оронум	олоҕум
	оҕоҥ	доҕоруҥ	оронуҥ	олоҕуҥ
	оҕото	доҕоро	ороно	олоҕо
	оҕобут	доҕорбут	ороммут	олохпут
	оҕоҕут	доҕоргут	оронҥут	олоххут
	оҕолоро	доҕордоро	ороннор	олохторо

Auch nach einem sogenannten Ablativus partitivus erhält das anschließende Substantiv das Possessivsuffix der 3. Person:

| Бу дьиэлэртэн биирэ миэнэ. | Eines von diesen Häusern ist meines. |

Das Jakutische besitzt kein Verb, das dem deutschen Verb *haben* entspricht. Eine Möglichkeit anzuzeigen, dass man etwas hat, das (zu) einem gehört, besteht darin, dass man den Possessiv in Verbindung mit **баар** *(es ist) vorhanden* bzw. **суох** *(es ist) nicht vorhanden* verwendet:

| Куоракка дьиэбит баар. | Wir haben ein Haus in der Stadt. |
| Куоракка дьиэбит суох. | Wir haben kein Haus in der Stadt. |

Im Rahmen der Possessivdeklination ist der Dativ-Lokativ mit den Possessivsuffixen der 1. und 2. Personen Singular zu **-бэр** und **-ҕэр** verschmolzen. Bei Substantiven auf **к, х, ҥ, м, п** und **с** erscheint er auch im Zusammenhang mit dem Possessivsuffix der 3. Person Singular in verkürzter Form (vgl. hierzu die Tabellen zur Possessivdeklination der Substantive, S. 128):

Substantiv	Possessive	Kasus	
дьиэ	-б-(и)	-(г)эр	Dativ-Lokativ
сирэй	-ҕ-(и)	-н	Akkusativ
кэргэн	-(т)-и	-ттэн	Ablativ
килиэп	-бит-и	-нэн	Instrumental
	-ҕит-и	-нэ	Partitiv
	-лэри	-ниин	Komitativ
		-нээҕэр	Komparativ

Оҕолорбутугар үтүлүк атыыластыбыт.	Wir haben unseren Kindern Fausthandschuhe gekauft.
Доҕотторбут сыбаайбатыгар көрсүөхпүт.	Wir werden uns auf der Hochzeit unserer Freunde sehen.
Мин кыыспыттан сурук туттум.	Ich habe von meiner Tochter einen Brief erhalten.
Куоска түннүккүтүнэн киирбит.	Die Katze ist wohl durch euer Fenster hereingekommen.
Ити оҕо ийэтинээҕэр эбэтин ордук таптыыр.	Dieses Kind liebt seine Großmutter mehr als seine Mutter.

In der Umgangssprache kann der Komitativ nach Possessivsuffixen auch **-нээн** lauten:

| Мария оҕолорунуун/оҕолорунаан ханна эрэ барбыт. | Maria ist mit ihren Kindern irgendwohin gegangen. |

12. Zusammengesetzte Substantive

Zusammengesetzte Substantive werden auf die gleiche Art wie eine konkrete Possessivkonstruktion wiedergegeben. Nationalbezeichnungen wie **саха** *Jakute, Jakutisch* sind reine Substantive und können daher mit einem weiteren Substantiv nur in Form eines zusammengesetzten Substantivs verbunden werden:

саха тыла	jakutische Sprache
саха тылын учуутала	Jakutischlehrer
төлөпүөн нүөмэрэ	Telefonnummer

| Дьокуускай – Саха Республикатын киин куората. | Jakutsk ist die Hauptstadt der jakutischen Republik. |

Soll ein solcher Begriff ein individuelles Possessivsuffix erhalten, wird entweder das Possessivsuffix des Grundbegriffs durch ein anderes Possessivsuffix ersetzt, oder es wird, sofern es der Kontext zulässt, eine konkrete Possessivkonstruktion gebildet:

| Саха тылын учууталбыт ыарыйбыт. | Unser Jakutischlehrer ist erkrankt. |
| Баһаалыста, төлөпүөнүң нүөмэрин суруйуоххут дуо? | Wirst/würdest du bitte die Nummer deines Telefons aufschreiben? |

Daneben gibt es Substantive, die als Adjektive verwendet werden können, so dass das zweite Substantiv ohne Possessivsuffix der 3. Person bleibt:

мас дьиэ	Holzhaus, hölzernes Haus
көмүс чаһы	Golduhr, goldene Uhr
тимир суол	Eisenbahn (wörtl.: Eisenweg)

II. Das Adjektiv

4. Der Gebrauch des Adjektivs

In seinem attributiven Gebrauch steht das Adjektiv vor dem Substantiv, auf das es sich bezieht, und bleibt undekliniert. Als unbestimmter Artikel wird das Zahlwort **биир** *eins* nur im Zusammenhang mit dem Subjekt eines Satzes, nicht jedoch beim Prädikatsnomen, eingesetzt:

Кыһын ичигэс таңаһы кэтэбит.	Im Winter ziehen wir warme Kleidung an.
Кыра оҕолор дьиэҕэ оонньууллар.	Die kleinen Kinder spielen im Haus.
Дьиэ иһигэр биир эдэр дьахтар баар.	Im Hause ist eine junge Frau.
Учууталбыт эдэр дьахтар.	Unser Lehrer ist eine junge Frau.

Als Prädikatsnomen steht das Adjektiv am Satzende:

Мин таңаһым ичигэс.	Meine Kleidung ist warm.
Оҕолорбут кыралар.	Unsere Kinder sind klein.
Учууталбыт эдэр.	Unser Lehrer ist jung.

Wird das Adjektiv substantivisch gebraucht, kann es Possessivsuffixe erhalten und dekliniert werden:

Биһиги улаханмыт үлэлиир, кырабыт үөрэнэр.	Unser Großer arbeitet, unser Kleiner studiert.

Eine Besonderheit des Jakutischen ist, dass die meisten Adjektive als selbständige Substantive zur Bezeichnung von Abstrakta auftreten können:

Ичигэскэ оҕолор үксүн таһырдьа оонньууллар.	Bei Wärme spielen die Kinder größtenteils draußen.
Кыһын биһиэхэ улахан тымныы буолар.	Im Winter herrscht bei uns große Kälte.

Эһэм эдэригэр үчүгэй булчут этэ.	Mein Großvater war in seiner Jugend ein guter Jäger.
Куһаҕан үчүгэйэ суох буолбат.	Es gibt nichts Schlechtes, das nicht (auch) sein Gutes hat.

Um ein beschreibendes Adjektiv adverbial verwenden zu können, bedarf es eines besonderen Suffixes **–тик** (vgl. S. 118):

Тымныыга ичигэстик таҥнабыт.	Bei Kälte ziehen wir uns warm an.
Мин кыратык сынньаныам.	Ich werde ein wenig ausruhen.
Мин сахалыы түргэнник аа5абын да, бытааннык саҥарабын.	Ich lese Jakutisch schnell, aber ich spreche langsam.

2. Der Komparativ

Die Steigerung eines Adjektivs kann durch ein vorangestelltes **ордук** *mehr* zum Ausdruck gebracht werden:

Ханнык отон ордук минньигэс, хаптаҕас дуу, дьэдьэн дуу?	Welche Beeren sind süßer, Johannisbeeren oder Erdbeeren?
Хаптаҕас аһыы, дьэдьэн ордук минньигэс.	Johannisbeeren sind sauer, Erdbeeren sind süßer.

Zur Wiedergabe eines Komparativs erhält das verglichene Nomen das Komparativsuffix **–тээҕэр** (vgl. S. 19); **ордук** *mehr* ist in diesem Zusammenhang entbehrlich, kann aber als Verstärkung hinzugefügt werden:

Дьэдьэн хаптаҕастааҕар минньигэс.	Erdbeeren sind süßer als Johannisbeeren.
Кыһыл көмүс үрүҥ көмүстээҕэр ордук күндү.	Gold ist noch wertvoller als Silber.

Vereinzelt tritt auch der Ablativ zur Wiedergabe eines Komparativs auf:

Мин эһигиттэн аҕабын.	Ich bin von euch aus gesehen älter = ich bin älter als ihr.

3. Der Superlativ

Zur Bildung eines Superlativs stellt man vor das Adjektiv **саамай** *höchst*:

| Саамай улахан өрүспүт Лена буолар. | Unser größter Fluss ist die Lena. |
| Саамай тымныы ый – тохсунньу, саамай ичигэс ый – от ыйа. | Der kälteste Monat ist der Januar, der wärmste Monat der Juli. |

4. Intensivformen des Adjektivs

Ein Adjektiv wird in seiner Bedeutung durch Ausdrücke wie **олус** *sehr*, **бэрт** *sehr, außerordentlich*, **наhaa** *überaus, zu sehr*, **сүрдээх** *furchtbar*, **саамай** *höchst*, **дьикти** *wunderbar, erstaunlich*, durch Verdoppelung oder einen mit Hilfe des Ablativs gebildeten Komparativ verstärkt:

олус үчүгэй	sehr gut	хара хара	schwarz, schwarz
наhaa кырдьаҕас	zu alt	уhун уhун	lang, lang
сүрдээх тымныы	furchtbar kalt	саҥаттан саҥа	neuer als neu
дьикти кэрэ	wunderschön	ыраастан ыраас	sauberer als sauber

| Саха сирэ бэрт киэҥ дойду. | Jakutien ist ein außerordentlich weites Land. |
| Бөрө тииcтэрэ сүрдээх сытыылар. | Die Zähne eines Wolfs sind furchtbar scharf. |

Daneben lassen sich von einigen Adjektiven mit Hilfe lautmalerischer Vorsilben Intensivformen bilden:

уп-улахан	riesengroß	кып-кыра	winzig klein
кып-кыhыл	knallrot	кибис-кытаанах	steinhart
күп-күөх	blitzblau	сабыс-саҥа	nagelneu
хап-хара	tiefschwarz	тобус-толору	randvoll
төп-төгүрүк	kugelrund	тыбыс-тымныы	bitterkalt
ап-аhыы	sehr bitter	тэбис-тэҥ	genau gleich
ып-ыраас	blitzsauber	хабыс-хараҥа	stockdunkel

III. Das Adverb

Als Lokaladverbien verwendet das Jakutische die Begriffe **манна** *hierher, hier*, **итиннэ** *dahin, da*, **онно** *dorthin, dort*, **үөһэ** *nach oben, oben*, **аллара** *hinunter, unten*, **иһирдьэ** *nach drinnen, drinnen*, **таһырдьа** *nach draußen, draußen*, **ханна баҕарар** *überall hin, überall*, **ханна эмэ** *irgendwohin, irgendwo*, **ханна да** (+ Neg.) *nirgends hin, nirgends*:

Манна олоруҥ.	Setzt euch hierher.
Манна олоппос баар.	Hier ist ein Stuhl/sind Stühle.

Оҕолор таһырдьа таҕыстылар.	Die Kinder sind nach draußen gegangen.
Оҕолор таһырдьа оонньууллар.	Die Kinder spielen draußen.

Ханна да барбатыбыт.	Wir sind nirgends hingegangen.
Бүгүн үчүгэй күн; ханна да былыт көстүбэт.	Heute ist ein schöner Tag; nirgends sind Wolken zu sehen.

Zur Bezeichnung des Ausgangspunktes erhalten sie das Ablativsuffix:

Мантан муора көстөр.	Von hier ist das Meer zu sehen.
Аан таһыттан хатаммыт.	Die Tür ist von außen verschlossen.
Хантан да тыал үрбэт.	Von nirgends weht ein Wind.

Die wichtigsten Entsprechungen deutscher Temporaladverbien sind **иллэрээ күн** *vorgestern*, **бэҕэһээ** *gestern*, **бүгүн** *heute*, **сарсын** *morgen*, **өйүүн** *übermorgen*, **билигин** *jetzt, gleich*, **эмискэ** *plötzlich*, **сотору** *bald*, **хойуутук** *oft*, **арыт** *manchmal*, **сэдэхтик** *selten*, **куруук**, **мэлдьи** *immer*, **хаһан эмэ** *irgendwann*, **хаһан да** (+ Neg.) *niemals*:

Мин билигин кэлиэм.	Ich komme gleich.
Сотору киэһэ буолар.	Bald wird es Abend.
Мин эһигини хаһан да умнуом суоҕа.	Ich werde euch niemals vergessen.

IV. Pronomina

1. Demonstrativpronomina

Das Jakutische besitzt folgende drei Demonstrativpronomina, die durch eine besonders betonte Vorsilbe noch verstärkt werden können:

бу	dieser	ити	der hier	ол	jener
субу	eben dieser	сити	eben der hier	сол	eben jener

Stehen sie attributiv vor einem Substantiv, bleiben sie undekliniert:

Бу кинигэни аах.	Lies dieses Buch.

Bilden sie als Substantive das Subjekt eines Satzes, werden sie durch einen Gedankenstrich vom Rest des Satzes abgehoben, um sie von ihrem Gebrauch als Attribut zu unterscheiden:

Бу ким(ий)?	Wer ist das?
Бу – Сергей.	Das ist Sergej.

Die Demonstrativpronomina werden wie folgt dekliniert:

Nominativ	бу	ити	ол
Dativ-Lokativ	маныаха	итиниэхэ	онуоха
Akkusativ	маны	итини	ону
Ablativ	мантан	итинтэн	онтон
Instrumental	манан	итинэн	онон
Komitativ	манныын	итинниин	оннуун
Komparativ	маннааҕар	итиннээҕэр	оннооҕор

Маны аах.	Lies das.

Der Pluralformen der Demonstrativpronomina lauten **балар**, **итилэр** und **олор**. Ihre Deklination ist regelmäßig.

2. Personalpronomina

Die jakutischen Personalpronomina lauten:

мин	ich	эн	du	кини	er, sie
биһиги	wir	эһиги	ihr	кинилэр	sie

Da das Subjekt eines Satzes bei den 1. und 2. Personen in den Personalendungen bereits enthalten ist, sind die Personalpronomina im Nominativ an und für sich überflüssig. Dennoch werden sie in der Umgangssprache häufig zusätzlich an den Satzanfang gestellt:

(Эһиги) хаһан кэлиэххит?	Wann werdet ihr kommen?
(Биһиги) сарсын кэлиэхпит.	Wir werden morgen kommen.

Die Deklination der Personalpronomina lautet:

Nominativ	мин	эн	кини
Dativ-Lokativ	миэхэ	эйиэхэ	киниэхэ
Akkusativ	миигин	эйигин	кинини
Ablativ	миигиттэн	эйигиттэн	киниттэн
Instrumental	миигинэн	эйигинэн	кининэн
Komitativ	миигинниин	эйигинниин	кинилиин
Komparativ	миигиннээҕэр	эйигиннээҕэр	кинитээҕэр

Nominativ	биһиги	эһиги	кинилэр
Dativ-Lokativ	биһиэхэ	эһиэхэ	кинилэргэ
Akkusativ	биһигини	эһигини	кинилэри
Ablativ	биһигиттэн	эһигиттэн	кинилэртэн
Instrumental	биһигинэн	эһигинэн	кинилэринэн
Komitativ	биһигинниин	эһигинниин	кинилэрдиин
Komparativ	биһигиннээҕэр	эһигиннээҕэр	кинилэрдээҕэр

Ein formales Subjekt *es* verwendet das Jakutische nicht:

Халлаан эрдэ хараҥарар.	Der Himmel wird früh dunkel = es wird früh dunkel.

Eine der Möglichkeiten, *haben* bzw. *nicht haben* zum Ausdruck zu bringen, besteht in der Verwendung des (Dativ-)Lokativs in Verbindung mit **баар** *(es ist) vorhanden* bzw. **суох** *(es ist) nicht vorhanden*:

| Эйиэхэ кинигэ баар дуо? | Ist bei dir ein Buch vorhanden = hast du ein Buch? |
| Миэхэ кинигэ суох. | Bei mir ist kein Buch vorhanden = ich habe kein Buch. |

3. Possessivpronomina

Da das Jakutische Possessivsuffixe verwendet, bedarf es an und für sich keiner Possessivpronomina. Dennoch werden die Personalpronomina häufig zusätzlich vor das Substantiv gestellt:

| Бу – биһиги дьиэбит. | Dies ist **unser** Haus. |

Um *gehören* zum Ausdruck zu bringen, besitzt das Jakutische ein Suffix **-иэнэ** *gehörig*, das mit den Personalpronomina sowie mit **ким** *wer* verschmilzt und auf diese Art substantivierte Possessive bildet:

| миэнэ | meiner | эйиэнэ | deiner | киниэнэ | seiner |
| биһиэнэ | unserer | эһиэнэ | eurer | кинилэр киэнэ | ihrer |

| Ити дьиэ кимиэнэй? | Wessen ist dieses Haus = wem gehört dieses Haus? |
| Ити дьиэ биһиэнэ. | Dieses Haus ist unseres = dieses Haus gehört uns. |

| Чааскыҥ алдьаммыт, миэнин ыл. | Deine Tasse ist kaputt, nimm meine. |
| Эн аҕаҥ миэнинээҕэр кырдьаҕас. | Dein Vater ist älter als meiner. |

Substantiven wird **киэнэ** nachgestellt:

| Ити дьиэ уолбут киэнэ. | Dieses Haus ist dasjenige unseres Sohnes = dieses Haus gehört unserem Sohn. |

4. Das Reflexivpronomen

Als Entsprechung eines deutschen Reflexivpronomens verwendet das Jakutische das Substantiv **бэйэ** *der Körper, das Selbst*, das zur Bezeichnung der jeweiligen Personen die Possessivsuffixe erhält:

бэйэм	ich selbst	бэйэбит	wir selbst
бэйэҥ	du selbst	бэйэҕит	ihr selbst
бэйэтэ	er/sie selbst	бэйэлэрэ	sie selbst

Мин бэйэм куоракка барыам.	Ich werde selbst in die Stadt fahren.
Кэпсээни бэйэҥ аахтаххына ордук өйдүөҥ.	Wenn du die Erzählung selbst liest, wirst du sie besser verstehen.
Кыыспыт аһы бэйэтэ астыыр.	Unsere Tochter kocht das Essen selbst.

Im Nominativ kann es auch das Subjekt eines Satze verstärken:

Мин бэйэм хаһыакка үлэлиибин.	Ich (persönlich) arbeite bei der Zeitung.

Die Deklination ist regelmäßig:

Мин бэйэбэр тыс этэрбэс тиктим.	Ich habe mir Pelzstiefel genäht.
Бэйэҕин харыстан.	Pass gut auf dich auf.
Бэйэбитин көмүскэннибит.	Wir haben uns verteidigt.
Биһиэхэ бэйэбитигэр үчүгэй буолуо.	Es wird für uns selbst gut sein.
Мин бэйэбин бэйэм көрүнэбин.	Mein Selbst versorge ich selbst = ich versorge mich selbst.

Bei unpersönlich gehaltenen Aussagen bleibt **бэйэ** ohne Possessivendungen:

Бэйэни харыстаныахха наада.	Es ist nötig, sich zu schonen.
Бэйэ барбыта ордук буолуоһу/буолсу.	Es wird wohl besser sein, selbst zu gehen.

Mit Possessivsuffixen attributiv vor ein Substantiv gestellt, entspricht **бэйэ** dem deutschen *eigen*; in der 3. Person erhält **бэйэ** das (Genitiv-)Suffix **-(т)ин** (vgl. S. 20):

Биһиги бэйэбит дьиэбитигэр олоробут.	Wir wohnen in unserem eigenen Haus.
Бу дьиэ бэйэбит киэнэ.	Dieses Haus ist unser eigenes.
Мин бэйэм санаабыттан бэйэм кыбыһынным.	Ich bin über meine eigenen Gedanken selbst in Verlegenheit geraten.
Мин кинини бэйэм харахпынан көрдүм.	Ich habe ihn mit eigenen Augen gesehen.
Тугу аахпыккытын бэйэҕит тылгытынан кэпсээҥ.	Erzählt mit euren eigenen Worten, was ihr gelesen habt.
Кыыспыт бэйэтин массыынатынан кэллэ.	Unsere Tochter ist mit ihrem eigenen Auto gekommen.

Stellt man das attributive **бэйэ** mit Possessivsuffix vor das Substantiv **бэйэ**, entsteht die Bedeutung *sich selbst*, *von sich aus*, *für sich selbst*:

Мин эбэм бэйэ бэйэтин кытта кэпсэтэр.	Meine Großmutter spricht mit sich selbst.
Мин бэйэм бэйэбин сахалыы үөрэппитим.	Ich habe mir selbst Jakutisch beigebracht.

5. Das reziproke Pronomen

Ein reziprokes Pronomen wird im Jakutischen durch die Verbindung **бэйэ-бэйэ** wiedergegeben:

Биһиги бэйэ-бэйэбитигэр көмөлөһөбүт.	Wir helfen uns gegenseitig.
Биһиги бэйэ-бэйэбитин таптыыбыт.	Wir lieben uns.
Биһиги бэйэ-бэйэбитин кытта сахалыы кэпсэтэбит.	Wir sprechen Jakutisch miteinander.
Оҕолорун бэйэ-бэйэлэригэр майгыннаһаллар.	Deine Kinder ähneln einander.

6. Indefinitpronomina

Anstelle des deutschen Indefinitpronomens *man* verwendet das Jakutische das Aktiv in der 3. Person Plural oder das Passiv in der 3. Person Singular:

Олоҕунан оонньооботтор.	Mit dem Leben spielt man nicht.
Бу суолунан ханна бараллары̆?	Wohin kommt (wörtl.: geht) man auf diesem Weg?
Кымыһы биэ үүтүттэн оҥороллор.	Den Kumys stellt man aus Stutenmilch her.
Биллэрин курдук, манна киһи олорбот.	Wie gewusst wird, wohnt hier kein Mensch = wie man weiß, wohnt hier kein Mensch.

Als bejahte Indefinitpronomina *jemand* und *etwas* dienen **ким эрэ** *irgend jemand* und **ким эмэ** *jemand* sowie **туох эрэ** *irgend etwas* und **туох эмэ** *etwas*. Die verneinten Entsprechungen *niemand* und *nichts* lauten **ким да**, **ким даҕаны** und **туох да**, **туох даҕаны** mit jeweils verneintem Prädikat:

Ким эрэ ыҥырбыта.	Es hat (irgend) jemand gerufen.
Ким эмэ кэллэҕинэ, миигин үлэтигэр барбыта диэ.	Wenn jemand kommt, sage, dass ich zur Arbeit gegangen bin.

Аммар туох эрэ хам баттыыр.	Irgend etwas klemmt in meiner Tür.
Бүгүн тугу эмэ аһаатыҥ дуо?	Hast du heute etwas gegessen?

Дьиэҕэ ким да суох.	Es ist niemand zu Hause.
Тула туох да көстүбэт.	Ringsum ist nichts zu sehen.
Кимтэн да, туохтан да куттанымa.	Fürchte dich vor niemandem und nichts.

7. Interrogativpronomina

Die wichtigsten Interrogativpronomina sind **ким** *wer*, **туох** *was* und **ха(й)-** *welch(er)*. Abgesehen vom Plural wird **ким** regelmäßig dekliniert:

ким	wer	киминэн	durch wen
кимнээх	wer alles	кимниин	mit wem
кимиэхэ	wem, bei wem	кимнээҕэр	im Vergleich zu wem
кими	wen	кимиэнэ	wem gehörend
кимтэн	von wem		

Auf **туох** basieren:

туохтар	was alles	тоҕо	warum, wozu
туохха	wo hinein, worin	төһө	wie viel, wie sehr
тугу	was	төһө элбэх	wie viele
туохтан	woraus, weshalb	төһө өр	wie lange
туохта	wovon	төһөҕө	um welches Maß
тугунан	wodurch	туохтааҕар	im Vergleich wozu
туохтуун	womit		

Bei den Begriffen, die auf der Basis des Pronominalstamms **ха(й)-** entstanden sind, liegt die Betonung jeweils auf der ersten Silbe:

хайа	welcher	хастыы	je wie viele
хайдах	wie, auf welche Art	хаһан	wann
ханна	wohin, wo	хаһанҥа диэри	bis wann
ханнык	welcher, was für ein	хаһыа(н)	zu wievielt
хантан	woher	хаһыс	der wievielte
хас	wie viele	хачча	wie sehr
хаста	wie viele Male	хаччаҕа диэри	bis wie viel Uhr

Im Jakutischen ist die Wortfolge bei Frage- und Aussagesätzen die gleiche. Somit steht das Fragepronomen nicht wie im Deutschen grundsätzlich am Satzanfang; es erhält jedoch die Betonung innerhalb eines Satzes.

Поезд ханна барар?	Wohin fährt der Zug?
Поезд Москваҕа барар.	Der Zug fährt nach Moskau.

8. Fragepartikeln

Trotz Fragepronomens erhält das Prädikat eines Satzes im Jakutischen meist noch eine zusätzliche Partikel **-(и)й** oder **-(н)ий**:

Бу (туохуй >) тугуй?	Was ist das?
Бу – кинигэ.	Das ist ein Buch.

Аатыҥ кимий?	Was (wörtl.: wer) ist dein Name?
Аатым Мария.	Mein Name ist Maria.

Саха сирэ ханнык дойдуний?	Was für ein Land ist Jakutien?
Саха сирэ бэрт киэҥ дойду.	Jakutien ist ein sehr weites Land.

Ити дьиэ кимиэнэй?	Wem gehört dieses Haus?
Ити дьиэ биһиэнэ.	Dieses Haus gehört uns.

Туох сонун баарый?	Was gibt es an Neuigkeiten?
Улахан сонун суох.	Es gibt keine großen Neuigkeiten.

Für Fragen, die mit *ja* oder *nein* beantwortet werden, verwendet das Jakutische die Partikel **дуо**, mit deren Hilfe jeder Aussagesatz zu einem Fragesatz wird:

Бүгүн уруок баар дуо?	Ist heute Unterricht?
Бу сылабаар саҥа дуо?	Ist dieser Samowar neu?
Үлэлиигин дуо?	Arbeitest du?

Alternativfragen werden durch mehrfachen Einsatz der Fragepartikel **дуу** zum Ausdruck gebracht; die Konjunktion *oder* ist in diesem Zusammenhang entbehrlich:

Бүгүн уруок баар дуу, суох дуу?	Ist heute Unterricht oder nicht?
Бу сылабаар саҥа дуу, эргэ дуу?	Ist dieser Samowar neu oder alt?
Убайыҥ бүгүн кэлэр дуу, суох дуу?	Kommt dein älterer Bruder heute oder nicht?
Эн үөрэнэҕин дуу, үлэлиигин дуу?	Studierst oder arbeitest du?

V. Zahlen

1. Kardinalzahlen

Die jakutischen Zahlwörter lauten:

1	биир	10	уон	100	сүүс	1.000	тыһыынча
2	икки	20	сүүрбэ	200	икки сүүс	2.000	икки тыһыынча
3	үс	30	отут	300	үс сүүс	3.000	үс тыһыынча
4	түөрт	40	түөрт уон	400	түөрт сүүс	4.000	түөрт тыһыынча
5	биэс	50	биэс уон	500	биэс сүүс	5.000	биэс тыһыынча
6	алта	60	алта уон	600	алта сүүс	6.000	алта тыһыынча
7	сэттэ	70	сэттэ уон	700	сэттэ сүүс	7.000	сэттэ тыһыынча
8	аҕыс	80	аҕыс уон	800	аҕыс сүүс	8.000	аҕыс тыһыынча
9	тоҕус	90	тоҕус уон	900	тоҕус сүүс	9.000	тоҕус тыһыынча

Zusammengesetzte Zahlen werden durch Hintereinanderstellung von Tausender-, Hunderter-, Zehner- und Einerzahlen gebildet:

22	сүүрбэ икки
222	икки сүүс сүүрбэ икки
2.222	икки тыһыыннча икки сүүс сүүрбэ икки
22.222	сүүрбэ икки тыһыыннча икки сүүс сүүрбэ икки

Meist stehen sie attributiv vor einem Substantiv; sie können aber auch selbst als Substantive auftreten:

Саха сиригэр тоҕус сүүс аҕыс уон икки тыһыыннча түөрт сүүс (982.400) киһи олорор.	In Jakutien leben 982.400 Menschen.
Оҕолорум/оҕолорбуттан иккитэ куоракка үөрэнэллэр.	Zwei meiner Kinder/zwei von meinen Kindern studieren in der Stadt.
Биһиги биэспит.	Wir sind fünf.

2. Kollektivzahlen

Zur Bildung von Kollektivzahlen besitzt das Jakutische ein Suffix **ө-иэ(н)** für die Zahlen von *zwei* bis *zehn*. Durch die kürzere Form **ө-иэ** wird nur ein Teil, durch die längere Form **ө-иэн** die gesamte Anzahl angegeben:

(соҕотоҕун)	(alleine)	алтыа(н)	zu sechst; alle sechs
иккиэ(н)	zu zweit; alle beide	сэттиэ(н)	zu siebt; alle sieben
үhүө(н)	zu dritt, alle drei	ахсыа(н)	zu acht; alle acht
төрдүө(н)	zu viert; alle vier	тохсуо(н)	zu neunt; alle neun
бэhиэ(н)	zu fünft; alle fünf	онуо(н)	zu zehnt; alle zehn

Die Konverbform **буолан** (vgl. S. 98) kann sowohl hinter die einfachen Kardinalzahlen wie auch hinter die Kollektivzahlen gestellt werden; vor allem aber folgt sie auf Zahlenangaben, die höher als *zehn* liegen:

Биhиги биэс буолан/бэhиэ/бэhиэ буолан кэлиэхпит.	Wir werden zu fünft kommen.
Биhиги бэhиэн кэлиэхпит.	Wir werden alle fünf kommen.
Уон икки буолан кэлиэхпит.	Wir werden zu zwölft kommen.

3. Approximativzahlen

Zur Bezeichnung einer ungefähren Anzahl wird an die Zahlwörter das Suffix **-(ч)чэ** angefügt; Einer erhalten das Wort **кэриҥэ** *ungefähr* nachgestellt:

уонча	etwa zehn	алта уонча	etwa sechzig
сүүрбэччэ	etwa zwanzig	сэттэ уонча	etwa siebzig
отучча	etwa dreißig	аҕыс уонча	etwa achtzig
түөрт уонча	etwa vierzig	тоҕус уонча	etwa neunzig
биэс уонча	etwa fünfzig	сүүсчэ	etwa hundert

Сүүсчэ киhи кэллэ.	Es sind etwa hundert Personen gekommen.
Биэс кэриҥэ киhи кэллэ.	Es sind ungefähr fünf Personen gekommen.

4. Limitativzahlen

Mit Hilfe des Suffixes **ө-иэйэх** werden sogenannte Limitativzahlen gebildet:

(биир эрэ)	(nur einer)	алтыайах	nur sechs
иккиэйэх	nur zwei	сэттиэйэх	nur sieben
үhүөйэх	nur drei	ахсыайах	nur acht
төрдүөйэх	nur vier	тохсуойах	nur neun
бэhиэйэх	nur fünf	онуойах	nur zehn

Биhиги бэhиэйэхпит.	Wir sind nur fünf (Personen).
Барарбыт үhүөйэх хонук хаалла.	Bis zu unserer Abreise sind nur noch drei Tage geblieben.
Ааспыт ыйга үс кинигэни аахпытым, бу ыйга иккиэйэҕи.	Letzten Monat habe ich drei Bücher gelesen, diesen Monat nur zwei.

5. Multiplikativzahlen

Auch Multiplikativzahlen werden durch ein eigenes Suffix **-тэ** wiedergegeben:

биирдэ	einmal	алтата	sechsmal
иккитэ	zweimal	сэттэтэ	siebenmal
үстэ	dreimal	аҕыста	achtmal
түөрттэ	viermal	тоҕуста	neunmal
биэстэ	fünfmal	уонна	zehnmal

Мин киинэни биэстэ көрбүтүм.	Ich habe den Film fünfmal gesehen.
Мин эйиэхэ сүүстэ эппитим.	Ich habe es dir hundertmal gesagt.
Ыйга биирдэ куоракка барабыт.	Einmal im Monat fahren wir in die Stadt.
Биирдэ биэс хонукка самыыр түстэ.	Einmal/einst hat es fünf Tage geregnet.

6. Die Uhrzeit

Die Uhrzeit wird wie folgt wiedergegeben:

Хас чаас буолла?		Wie viel Uhr ist es (geworden)?
2:00	Билигин икки чаас.	Es ist jetzt zwei Uhr.
2:10	Икки чаас уон мүнүүтэ/ иккини уон ааста.	Es ist zwei Uhr zehn Minuten/ die zwei haben zehn überschritten.
2:30	Икки чаас отут мүнүүтэ/ икки аҥар буолла.	Es ist zwei Uhr dreißig Minuten/ es ist zwei einhalb (geworden).
2:50	Икки чаас биэс уон мүнүүтэ/ үс буолуо уон баар.	Es ist zwei Uhr fünfzig Minuten/ bis es drei wird, gibt es zehn.
3:00	Билигин үс чаас.	Es ist jetzt drei Uhr.

Der (Dativ-)Lokativ übernimmt in diesem Zusammenhang die Funktion der deutschen Präposition *um*:

Уруок хас чааска саҕаланар?		Um wieviel Uhr beginnt der Unterricht?
2:00	Икки чааска.	Um zwei Uhr.
2:10	Икки чаас уон мүнүүтэҕэ/ иккини уон аастаҕына.	Um zwei Uhr zehn Minuten/ wenn zehn die zwei überschreiten.
2:30	Икки чаас отут мүнүүтэҕэ/ икки аҥарга.	Um zwei Uhr dreißig Minuten/ um zwei einhalb.
2:50	Икки чаас биэс уон мүнүүтэҕэ/ үс буолуо уонна.	Um zwei Uhr fünfzig Minuten/ um zehn, bis es drei wird.
3:00	Үс чааска.	Um drei Uhr.

Weitere Zeitabgaben sind:

сарсыарда аҕыс чаас	acht Uhr morgens
киэһэ аҕыс чаас	acht Uhr abends
күнүс уон икки чаас, күн ортото	zwölf Uhr tags, Mittag
түүн уон икки чаас, түүн ортото	zwölf Uhr nachts, Mitternacht

Auch der Ablativ kann zeitliche Bedeutung haben:

| Биһиги тоҕус чаастан алта чааска диэри үлэлээтибит. | Wir haben von neun bis sechs Uhr gearbeitet. |

7. Ordinalzahlen

Ordinalzahlen werden mit Hilfe des Suffixes **ө-ис** gebildet:

биирис	der erste	алтыс	der sechste
иккис	der zweite	сэттис	der siebte
үһүс	der dritte	ахсыс	der achte
төрдүс	der vierte	тохсус	der neunte
бэһис	der fünfte	онус	der zehnte

| Эн һаһыс кылааска үөрэнэҕин? | In der wievielten Klasse studierst du? |
| Мин бэһис кылааска үөрэнэбин. | Ich studiere in der fünften Klasse. |

Die Ordinalzahl **биирис** wird im nur innerhalb zusammengesetzter Zahlen verwendet; zur Wiedergabe von *der erste* dienen **бастакы** oder **маҥнайғы**:

| Маҥнайғы кылааска үөрэнэбин. | Ich studiere in der ersten Klasse. |
| Алтынньыга бастакы хаар түһэр. | Im Oktober fällt der erste Schnee. |

8. Das Datum

Die Namen der Wochentage sind aus dem Russischen übernommen und in ihrer Schreibung der jakutischen Aussprache angepasst:

бэнидиэнньик	Montag	бээтинсэ	Freitag
оптуорунньук	Dienstag	субуота	Samstag
сэрэдэ	Mittwoch	баскыһыанньа/	Sonntag/
чэппиэр	Donnerstag	(өрөбүл)	(Ausgehtag)

Zahlen

Zur Bezeichnung der Monate besitzt das Jakutische eigene Namen, aus denen teilweise noch die traditionellen Beschäftigungen des jeweiligen Monats hervorgehen:

Тохсунньу	neunter Monat	Januar
Олунньу	zehnter Monat	Februar
Кулун тутар	Monat, in dem man die Fohlen einfängt, um die Stuten melken zu können	März
Муус устар	Monat, in dem man das Eis der Fenster entfernt	April
Ыам ыйа	Melkmonat	Mai
Бэс ыйа	Fichtenmonat; der Monat, in dem die Rinde der Fichten gesammelt wird	Juni
От ыйа	Grasmonat	Juli
Атырдьах ыйа	Heugabelmonat	August
Балаҕан ыйа	Jurtenmonat; der Monat, in dem man aus der Sommer- in die Winterjurte zieht	September
Алтынньы	sechster Monat	Oktober
Сэттинньи	siebter Monat	November
Ахсынньы	achter Monat	Dezember

Im Zusammenhang mit dem Monatsdatum verwendet das Jakutische die Ordinalzahlen:

Бүгүн ханнык күнүй/ бүгүн ханнык чыыһыланый?	Welcher Tag ist heute/ welches Datum ist heute?
Бүгүн өрөбүл, ыам ыйын маҥнайгы/бастакы күнэ.	Heute ist Sonntag, der erste Tag des Mai.

Erfolgt eine Jahresangabe mit Hilfe des Substantivs **сыл** *Jahr*, verwendet das Jakutische ebenfalls die Ordinalzahlen:

Мин икки тыһыынча бэһис сылтан икки тыһыынча тохсус сылга диэри Дьокуускайга учууталынан үлэлээбитим.	Von 2005 bis 2009 war ich in Jakutsk als Lehrer tätig.
Бүгүн өрөбүл, 2016-с сыл, ыам ыйын маҥнайгы күнэ, киэһэ сэттэ чаас.	Heute ist Sonntag, der 1. Mai 2016, abends sieben Uhr.

Werden Jahresangaben durch **сыллаахха** *im Jahre* wiedergegeben, erfolgt die Wiedergabe der Jahreszahlen in Form der Kardinalzahlen:

Мин тыһыынча тоҕус сүүс сэттэ уон сэттэ сыллаахха от ыйын уон тохсус күнүгэр төрөөбүтүм.	Ich bin am 19. Juli 1977 geboren.

9. Das Alter

Zur Bezeichnung des Alters wird das Suffix **-лээх** (vgl. S. 115) entweder direkt an das Zahlwort oder an **саас** *Lebensalter* angefügt:

Хас саастааххыный?	Wie alt bist du?
Мин сүүрбэ саастаахпын/ мин сүүрбэлээхпин.	Ich bin zwanzigjährig.

10. Bruchzahlen

Bruchzahlen werden gebildet, indem man zuerst den Nennner, gefolgt von der Verbform **гыммыт** (dem Partizip Perfekt von **гын-** *machen*) angibt, und anschließend den Zähler nennt:

1/5	биэс гыммыт биир	ein Fünftel

Als Teil einer Possessivkonstruktion erhalten sie das Possessivsuffix der 3. Person:

Үөрэнээччилэрбит үс гыммыт иккитэ кыыс.	Zwei Drittel unserer Schüler sind Mädchen.

Das gleiche Prinzip wir auch auf Dezimalzahlen angewendet:

0,3	уон гыммыт үс	drei Zehntel
3,3	үс кытта уон гыммыт үс/ үс ордуга уон гыммыт үс	drei mit drei Zehntel/ drei Zehntel mehr als drei

Zur Wiedergabe von *halb* und verwendet das Jakutische das Substantiv **аҥар** *Hälfte*:

сыл аҥара	die Hälfte eines Jahres; ein halbes Jahr
икки сыл, сыл аҥара	zweieinhalb Jahre

Für Prozentangaben wird das Substantiv **бырыһыан** *Prozent* verwendet:

Биһиги сирбит биэс уон түөрт бырыһыана ойуур.	54% unseres Landes sind Wälder.

11. Distributivzahlen

Zur Bildung von sogenannten Distributivzahlen wird an die Zahlwörter das Suffix **-лии** anfügt:

биирдии	je eins	алталыы	je sechs
иккилии	je zwei	сэттэлии	je sieben
үстүү	je drei	аҕыстыы	je acht
түөртүү	je vier	тоҕустуу	je neun
биэстии	je fünf	уоннуу	je zehn

Bei Hunderter- und Tausenderzahlen erhält jeweils die erste Einheit das Distributivsuffix:

иккилии сүүс	je zweihundert	иккилии тыһыынча	je zweitausend
үстүү сүүс	je dreihundert	үстүү тыһыынча	je dreitausend
түөртүү сүүс	je vierhundert	түөртүү тыһыынча	je viertausend

Мин оҕо аайы биирдии яблоко биэрдим.	Ich habe jedem Kind einen Apfel gegeben.
Биһиги библиотекаттан биэстии кинигэни уларыстыбыт.	Wir haben jeder fünf Bücher aus der Bibliothek ausgeliehen.
Ахсынньы ыйын 25-с күнүттэн күн биирдии мүнүүтэ уһуур.	Ab dem 25. Dezember werden die Tage um jeweils eine Minute länger.

VI. Postpositionen

Die sogenannten Verhältniswörter werden im Jakutischen hinter das Nomen gestellt. Was in anderen Sprachen als **Prä**positionen bezeichnet wird, sind hier demnach **Post**positionen. Ein Teil von ihnen sind Formen des Konverbs auf **-э/ө-ии** (vgl. S. 95) oder Adjektive. Andere sind erstarrte Formen von Substantiven oder Substantive, die Possessivsuffixe erhalten und dekliniert werden können. Folgen auf diese Art mehrere Substantive aufeinander, erhalten die jeweils mittleren das (Genitiv-)Suffix **-(т)ин** (vgl. S. 20).

1. Postpositionen mit dem Nominativ

аайы *jeder*:
Häufig wird dem Substantiv zur Verstärkung **хас** *wie viele* zusätzlich vorangestellt:

Мин (хас) күн аайы сэттэ чааска турабын.	Ich stehe jeden Tag um sieben Uhr auf.
Мин оҕо аайы биирдии яблоко биэрдим.	Ich habe jedem Kind einen Apfel gegeben.

иһин *für*, *wegen*:

Көмөҥ иһин олус махтанабын.	Ich danke sehr für deine Hilfe.
Аҕаҕыт көмөтүн иһин махтанабын.	Ich danke für die Hilfe eures Vaters.
Мин тылы олус интэриэһиргии-бин, ол иһин саха тылын үөрэтэ кэллим.	ich interessiere mich sehr für Sprachen, deshalb bin ich gekommen, um Jakutisch zu lernen

курдук *gleich*, *(genau) wie*:

Бу киһи саһыл курдук киитэрэй.	Dieser Mensch ist schlau wie ein Fuchs.
Бу килиэп таас курдук кытаанах.	Dieses Brot ist hart wie Stein.

| Мин доҕорум курдук учуутал буолуохпун баҕарабын. | Ich will Lehrer werden wie mein Freund. |
| Мин доҕорум аҕатын курдук учуутал буолуохпун баҕараын. | Ich will Lehrer werden wie der Vater meines Freundes. |

тухары (zeitlich und räumlich) *im Verlauf, hindurch, entlang*:

Оҕо уһуна тухары окко тыылла сытар.	Das Kind liegt der Länge nach ausgestreckt im Gras.
Мин эйигин сааһым тухары умнуом суоҕа.	Ich werde dich mein Leben lang nicht vergessen.
Эн бачча тухары ханна сырыттыҥ?	Wo warst du so lange unterwegs?

устун *längs, entlang, hindurch*:

Мин былырыын Саха сирин устун айаннаабытым.	Ich bin letztes Jahr durch Jakutien gereist.
Өрүс устун уһуннубут.	Wir sind durch den Fluss geschwommen.
Кыһын муус халыҥаатаҕына массыыналар өрүстэр, күөллэр устун сылдьаллар.	Wenn im Winter das Eis dick ist, fahren Autos über die Flüsse und Seen.

алын *Unterseite*; *unter*:

| Бэргэһэ орон анныгар сытар. | Die Mütze liegt unter dem Bett. |
| Бэргэһэни орон анныттан таһаар. | Hole die Mütze unter dem Bett hervor. |

арыт *Zwischenraum*; *zwischen*:
Der (Dativ-)Lokativ **ардыгар** erhält das Zahlwort **икки** *zwei* vorangestellt:

| Саха тылын уонна түүр тылын икки ардыгар уратылаһыы элбэх. | Zwischen der jakutischen und der türkischen Sprache gibt es zahlreiche Unterschiede. |
| Икки дьиэбит икки ардыгар кыра сад баар. | Zwischen unseren beiden Häusern ist ein kleiner Garten. |

атын *Seite; neben*:

Дьиэбит аттыгар кыра сад баар.	Neben unserem Haus ist ein kleiner Garten.
Такси вокзал аттыттан барар.	Das Taxi fährt neben dem Bahnhof ab.

диэки *Richtung; in Richtung,* (zeitlich) *gegen*:

Учуутал биһиги диэки көрөр.	Der Lehrer schaut in unsere Richtung.
Көтөрдөр соҕуруу диэки көтөн бардылар.	Die Vögel sind in Richtung Süden davongeflogen.
Оҕолор тыа диэкиттэн кэллилэр.	Die Kinder sind aus der Richtung des Waldes gekommen.
Үлэни ыам ыйын диэки бүтэриэм.	Ich werde die Arbeit gegen Mai beenden.

илин *Vorderseite;* (räumlich) *vor*:

Дьиэбит иннигэр кыра сад баар.	Vor unserem Haus ist ein kleiner Garten.
Аҕабыт иннибититтэн дьиэттэн таҕыста.	Unser Vater ist vor uns (her) aus dem Haus gegangen.

Die Form **инниттэн** wird auch in der Bedeutung *aus der Zeit vor* verwendet. Zur Wiedergabe von zeitlich *vor* werden das entsprechende Possessivsuffix sowie das Lokativsuffix **-(и)нэ** (vgl. S. 15) an **илин** angefügt:

Сэрии инниттэн билсэбит.	Wir kennen uns aus der Zeit vor dem Krieg.
Эбиэт иннинэ үлэлиэхпит.	Wir werden vor dem Mittagessen arbeiten.
Аҕабыт иннибитинэ дьиэттэн таҕыста.	Unser Vater ist (zeitlich) vor uns aus dem Haus gegangen.

ис *Inneres*; (zeitlich und räumlich) *in*, *innerhalb*:

| Бу үлэни чаас иһигэр оҥоруохха сөп. | Diese Arbeit kann man innerhalb einer Stunde machen. |
| Сайыҥҥы таҥаһы дьааһык иһиттэн ыл. | Nimm die Sommerkleidung aus (dem Inneren) der Truhe. |

кэлин *Rückseite*; (räumlich) *hinter*, *nach*:

| Дьиэбит кэннигэр кыра сад баар. | Hinter unserem Haus ist ein kleiner Garten. |
| Аҕабыт кэннибититтэн дьиэттэн тахсыбыта. | Unser Vater ist hinter uns (her) aus dem Haus gegangen. |

Zur Wiedergabe von (zeitlich) im *Anschluss an*, *danach* besitzt das Jakutische drei Möglichkeiten, die geringfügige Bedeutungsunterschiede ergeben:
a) auf das Substantiv folgt **кэнниттэн**,
b) **кэлин** wird als Postposition mit dem Ablativ behandelt,
c) **кэлин** erhält das Possessiv- sowie das Lokativsuffix **-(и)нэ** und wird in der 3. Person zusammengezogen zu **кэннэ**:

| Эбиэт кэнниттэн/эбиэттэн кэлин/ эбиэт кэннэ сынньаныахпыт. | Nach dem Mittagessen werden wir ausruhen. |
| Аҕабыт кэннибитинэ дьиэттэн тахсыбыта. | Unser Vater ist nach uns aus dem Haus gegangen. |

тас *Außenseite*; *außerhalb*:

Куорат таһыгар мас дьиэ элбэх.	Außerhalb der Stadt sind viele Holzhäuser.
Куорат таһыттан кэллибит.	Wir sind von außerhalb der Stadt gekommen.
Куорат иһигэр элбэх автобус маршрута баар. Ону таһынан куорат таһыгар элбэх такси сылдьар.	Innerhalb der Stadt gibt es viele Buslinien. Außerdem verkehren außerhalb der Stadt Taxis.

тула *Umkreis*; *umher*, *um ... herum*:
Bleibt **тула** undekliniert, kann das vorausgehende Substantiv im Akkusativ stehen:

| Дьиэбит тулатыгар мас элбэх. | Um unser Haus herum sind zahlreiche Bäume. |
| Сир күнү тула эргийэр. | Die Erde dreht sich um die Sonne. |

тус *Betreff*, *Bezug*:
Dieses Substantiv bedeutet im Dativ *wegen*, *für*; im Instrumental *betreffend*, *über*:

Мин маны эн эрэ тускар оҥоробун.	Ich mache das nur für dich.
Доҕотторбут доруобуйаларын туһугар иһиэҕин.	Lasst uns auf das Wohl unserer Freunde trinken.
Оҕолор тустарыгар кыһанымаҥ.	Macht euch um die Kinder keine Sorgen.
Мин саха сирин историятын туһунан интэриэһинэй кинигэни аахтым.	Ich habe ein interessantes Buch über die Geschichte Jakutiens gelesen.
Бэйэм туспунан мин туох да саҥаны кэпсиир кыаҕым суох.	Ich kann nichts Neues von mir erzählen.

үрүт *Oberseite*; *darauf*, *oberhalb*:

Мин чааннньыгы сылабаар үрдүгэр уурдум.	Ich habe den Teetopf auf den Samowar gestellt.
Чаанньык сылабаар үрдүгэр турар.	Der Teetopf steht auf dem Samowar.
Чаанньыгы сылабаар үрдүттэн ыл.	Nimm den Teetopf vom Samowar.
Биһиги бөһүөлэкпит күөл үрдүгэр турар.	Unsere Siedlung liegt (wörtl.: steht) oberhalb eines Sees.

2. Postpositionen mit dem Dativ

диэри (räumlich und zeitlich) *bis*:

Самолёт Москваттан Дьокуускай-га диэри алта чаас көтөр.	Das Flugzeug fliegt sechs Stunden von Moskau bis Jakutsk.
Сарсыардаттан киэһээҥҥэ диэри үлэлээтибит.	Wir haben vom Morgen bis zum Abend gearbeitet.

дылы *ähnlich wie*, (in dem Maße) *wie, bis zu*:

Мин эйиэхэ дылы футболунан үлүһүйэбин.	Ich begeistere mich für Fußball (so ähnlich) wie du.
Москваттан Дьокуускайга дылы 8300 километр.	Von Moskau bis Jakutsk sind es 8300 km.
Кыһынын 65 кыраадыска дылы тымныйар.	Im Winter wird es bis zu 65 Grad kalt.

3. Postpositionen mit dem Akkusativ

быһа (räumlich und zeitlich) *durch ... hindurch, über ... hinüber*:

Өрүһү быһа муостата оҥорбуттар.	Sie haben eine Brücke über den Fluss gebaut.
Оҕолор күнү быһа оонньоон-көрүлээн таҕыстылар.	Die Kinder haben den Tag hindurch gespielt und sich vergnügt.

кытта *mit*:

Мин убайбын кытта (хас) нэдиэлэ аайы төлөпүөнүнэн кэпсэтэбин.	Ich telefoniere jede Woche mit meinem älteren Bruder.
Биһигини кытта бииргэ киинэҕэ барсаҕын дуо?	Gehst du mit uns zusammen ins Kino?

утары *entgegen; gegenüber*:

Эһиэхэ гриби утары эмп баар дуо?	Gibt es bei Ihnen ein Medikament gegen Grippe?

4. Postpositionen mit dem Ablativ

кэлин (zeitlich) *danach*:

Эбиэттэн кэлин сынньаныахпыт.	Nach dem Mittagessen werden wir ausruhen.

ордук *mehr*:

Тохсунньу бүтүүтүгэр күн чаастан ордук уһуур, халлаан биллэрдик сырдыыр.	Ende Januar werden die Tage um mehr als eine Stunde länger; der Himmel wird merklich heller.

тахса (zahlenmäßig) *mehr*:

Дьокуускайга 300 тыһыынчаттан тахса киһи олорор.	In Jakutsk leben mehr als 300.000 Menschen.

ураты *verschieden; außer*:

Миигиттэн ураты ким да суоҕа.	Außer mir war niemand da.
Васяттан ураты бары кэллилэр.	Außer Wasja sind alle gekommen.
Мин эһигиттэн ураты кими да көрбөтөҕүм.	Außer euch habe ich niemanden gesehen.

ыла (räumlich und zeitlich) *angefangen von, von ... an, seit*:

Кыыспыт Москваттан ыла Дьокуускайга диэри 8300 километр сири айаннаан бэҕэһээ тийэн кэлбитэ.	Unsere Tochter ist (angefangen) von Moskau bis Jakutsk eine Strecke von 8300 km gereist und gestern angekommen.
Ол киэһэттэн ыла кымыһы иһэр буоллум.	Von jenem Abend an habe ich angefangen, (regelmäßig) Kumys zu trinken.
Ол кэмтэн ыла элбэх сыл ааста.	Seit jener Zeit sind viele Jahre vergangen.

VII. Zeiten und Modi des Hilfsverbs sein

1. Das Präsens

Für die 1. und 2. Personen des Präsens des Hilfsverbs *sein* verwendet das Jakutische Suffixe, die aus nachgestellten Personalpronomina entstanden sind und unbetont bleiben. Sie werden im Folgenden als präsentische Personalendungen bezeichnet. Für die 3. Person bedarf es keiner Kopula:

| Эһиги сахаларгыт дуо? | Seid ihr Jakuten? |
| Ээ-э, биһиги сахаларбыт. | Ja, wir sind Jakuten. |

Хайдаххыный?	Wie geht es dir?
Үчүгэйбин, эн?	Mir geht es gut, und dir?
Барыта үчүгэй.	Es ist alles gut.

Es ist unter Jakuten üblich, sich in der 2. Person Singular anzusprechen. Die Verwendung der 2. Person Plural als höfliche Anrede gilt als sehr unpersönlich und wird auf einen Einfluss des Russischen zurückgeführt.

Prädikatsnomen	Negation	Präsentische Personalendungen	
үөрэнээччи	буолбатах/	-бин	ich bin
дьиэҕэ	суох	-ҕин	du bist
		---	er/sie ist
		-бит	wir sind
		-ҕит	ihr seid
		-лэр	sie sind

(мин) үөрэнээччибин	ich bin Schüler
(эн) үөрэнээччигин	du bist Schüler
(кини) үөрэнээччи	er ist Schüler
(биһиги) үөрэнээччилэрбит	wir sind Schüler
(эһиги) үөрэнээччилэргит	ihr seid Schüler
(кинилэр) үөрэнээччилэр	sie sind Schüler

Die Verneinung erfolgt durch **буолбатах**:

үөрэнээччи буолбатахпын	ich bin kein Schüler
үөрэнээччи буолбатаххын	du bist kein Schüler
үөрэнээччи буолбатах	er ist kein Schüler
үөрэнээччилэр буолбатахпыт	wird sind keine Schüler
үөрэнээччилэр буолбатаххыт	ihr seid keine Schüler
үөрэнээччилэр буолбатахтар	sie sind keine Schüler

Nach einem (Dativ-)Lokativ tritt als bejahtes Prädikatsnomen **баар** *vorhanden, anwesend* auf, wobei das Demonstrativpronomen **бу** *dieser* in diesem Kontext auch die Bedeutung *hier* erhalten kann. Im Plural wird der Endkonsonant von **баар** assimiliert. Die Verneinung erfolgt durch **суох** *nicht vorhanden, nicht anwesend*:

Ыскаапка кинигэ баар.	Im Schrank befinden sich Bücher.
Кинигэлэр ыскаапка бааллар.	Die Bücher befinden sich im Schrank.
Бу кинигэ баар/кинигэ бу баар.	Hier ist ein Buch/das Buch ist hier.

Ыскаапка кинигэ суох.	Im Schrank befinden sich keine Bücher.
Кинигэлэр ыскаапка суохтар.	Die Bücher befinden sich nicht im Schrank.

Мин дьиэбэр баарбын.	Ich bin (bei mir) zu Hause.
Мин дьиэбэр суохпун.	Ich bin nicht (bei mir) zu Hause.

2. Das Verb **буол-**

Das Jakutische besitzt nur einige wenige Formen eines Hilfsverbs *sein* auf der Basis der Verbstämme **э-/и-** oder **эр-**. Für die meisten Bildungen verwendet es daher das Verb **буол-**, das neben *werden, sich ereignen* auch die Bedeutungen *sein* erhält:

Мин киэһэ дьиэбэр баар буолуом.	Ich werde am Abend zu Hause sein.
Тоҕус чааска бэлэм буолуҥ.	Seid um neun Uhr bereit.

Im Präsens-Futur dient **буол-** der Wiedergabe von allgemeingültigen Aussagen:

Саамай улахан өрүспүт Лена буолар.	Unser größter Fluss ist die Lena.
Сатыы киһи аттаахха аргыс буолбат.	Ein Fußgänger ist kein Reisegefährte für einen Reiter.
Саҥа эрэ барыта үчүгэй буолбат.	Nicht alles Neue ist gut.

3. Die Form эбит

Die Form **эбит** ist das Partizip Perfekt des Hilfsverbs *sein*. Prädikativ verwendet gibt sie keine bestimmte Zeit wieder, sondern dient dazu, deutlich zu machen, dass es sich bei der gemachten Äußerung nicht um die Schilderung eines Sachverhalts, sondern um eine Vermutung bzw. um einen persönlichen Eindruck handelt:

Бу трактор саҥа эбит.	Dieser Traktor scheint neu zu sein.
Ыскаапка кинигэ баар эбит.	Im Schrank sind wohl Bücher.
Оннук эбит.	So ist es wohl/so war es wohl.

Prädikatsnomen	Negation		Präsentische Personalendungen
үөрэнээччи	буолбатах/	эбит	-бин
дьиэҕэ	суох		-ҕин

			-бит
			-ҕит
			-лэр

үөрэнээччи эбиппин	ich bin/war wohl Schüler
үөрэнээччи эбиккин	du bist/warst wohl Schüler
үөрэнээччи эбит	er ist/war wohl Schüler
үөрэнээччилэр эбиппит	wir sind/waren wohl Schüler
үөрэнээччилэр эбиккит	ihr seid/wart wohl Schüler
үөрэнээччилэр эбиттэр	sie sind/waren wohl Schüler

үөрэнээччи буолбатах эбиппин	ich bin/war wohl kein Schüler
үөрэнээччи буолбатах эбиккин	du bist/warst wohl kein Schüler
үөрэнээччи буолбатах эбит	er ist/war wohl kein Schüler
үөрэнээччилэр буолбатах эбиппит	wird sind/waren wohl keine Schüler
үөрэнээччилэр буолбатах эбиккит	ihr seid/wart wohl keine Schüler
үөрэнээччилэр буолбатах эбиттэр	sie sind/waren wohl keine Schüler

4. Die Form **илик**

Die Form **илик** bezeichnet eine Person, die die beschriebene Handlung noch nicht durchgeführt hat. Sie wird hinter die Konverbform auf **-э/ө-ии** eines Verbs gestellt und als Prädikatsnomen konjugiert:

Ийэбит куораттан төннө илик.	Unsere Mutter ist noch nicht aus der Stadt zurückgekehrt.
Оҕолорум оскуолаҕа киирэ иликтэр.	Meine Kinder gehen noch nicht zur Schule.
Оннук сураҕы истэ иликпит.	Eine solche Nachricht haben wir noch nicht gehört.
Мин сахалыы үчүгэйдик саҥара иликпин.	Ich spreche noch nicht gut Jakutisch.

5. Die Form **этэ**

Durch Anfügen der perfektischen Personalendungen (vgl. S. 69) an den Verbstamm **э-** entstehen die Formen eines Perfekt des Hilfsverbs *sein*. Sie dienen der Wiedergabe eines Sachverhalts, der der Vergangenheit angehört:

Куоракка дьиэбит баар этэ.	Wir hatten (früher einmal) ein Haus in der Stadt.
Ыскаапка кинигэ суох этэ.	Im Schrank befanden sich (früher) keine Bücher.
Ийэбит куораттан төннө илик этэ.	Unsere Mutter war noch nicht aus der Stadt zurückgekehrt.
Оҕолорум оскуолаҕа киирэ илик этилэр.	Meine Kinder gingen noch nicht zur Schule.

Оннук сураҕы истэ илик этибит.	Eine solche Nachricht hatten wir noch nicht gehört.
Мин урут сахалыы үчүгэйдик саҥара илик этим.	Früher sprach ich noch nicht gut Jakutisch.

Im Nachsatz von irrealen Konditionalsätzen haben die Formen mit **этэ** die Bedeutung eines Konjunktivs:

Тугу эмэ оҥороруҥ буоллар, ордук буолуо этэ.	Es wäre besser, wenn du etwas tätest.

Prädikatsnomen	Negation	Perfektformen
үөрэнээччи	буолбатах /	этим
дьиэҕэ	суох	этиҥ
		этэ
		этибит
		этигит
		этилэр

үөрэнээччи этим	ich war Schüler
үөрэнээччи этиҥ	du warst Schüler
үөрэнээччи этэ	er war damals Schüler
үөрэнээччилэр этибит	wir waren Schüler
үөрэнээччилэр этигит	ihr wart Schüler
үөрэнээччилэр этилэр	sie waren Schüler

үөрэнээччи буолбатах этим	ich war kein Schüler
үөрэнээччи буолбатах этиҥ	du warst kein Schüler
кини үөрэнээччи буолбатах этэ	er war kein Schüler
үөрэнээччилэр буолбатах этибит	wird waren keine Schüler
үөрэнээччилэр буолбатах этигит	ihr wart keine Schüler
үөрэнээччилэр буолбатах этилэр	sie waren keine Schüler

Häufig werden anstelle der eher statisch wirkenden Formen von **этэ** die insgesamt dynamischeren Formen des Verbs **сырыт-** *sich bewegen*, *sich befinden* zur Wiedergabe des Perfekt verwendet:

| Эн бачча тухары ханна сырыттыҥ? | Wo bist du so lange gewesen? |
| Баhаарга сырыттым. | Ich war auf dem Markt. |

Da das Jakutische für das Perfekt des Hilfsverbs *sein* eine eigene Form besitzt, haben die Perfektformen von **буол-** die Bedeutung *werden*:

Киэhэ буолла.	Es ist Abend geworden.
Халлаан тымныы буолбут.	Das Wetter ist kalt geworden.
Мин учуутал буоллум.	Ich bin Lehrer geworden.

6. Das Präteritum

Die Verwendung von Possessivsuffixen zur Bezeichnung der jeweils handelnden Person – sie werden im Folgenden als possessive Personalendungen bezeichnet – bewirkt bei Adjektiven einschließlich **баар** und **суох**, bei **эбит** und bei **илик** ebenfalls eine Übertragung die in Vergangenheit. Im Gegensatz zu **этэ** wird jedoch auf diese Art ein Sachverhalt beschrieben, der sich ohne Hinweis darauf, wann er begonnen oder geendet hat, zu einem bestimmten Zeitpunkt in der Vergangenheit zugetragen hat. Daher erfolgt die deutsche Übersetzung ausschließlich in Form eines Präteritums:

Куоракка дьиэбит баара.	Wir hatten (zum damaligen Zeitpunkt) ein Haus in der Stadt.
Ыскаапка кинигэ суоҕа.	Im Schrank befanden sich (damals) keine Bücher.
Ийэбит куораттан төннө илигэ.	Unsere Mutter war noch nicht aus der Stadt zurückgekehrt.
Оҕолорум оскуолаҕа киирэ иликтэрэ.	Meine Kinder gingen noch nicht zur Schule.
Оннук сураҕы истэ илик этибит.	Eine solche Nachricht hatten wir noch nicht gehört.
Мин оччоҕо сахалыы үчүгэйдик саҥара илигим.	Ich sprach damals noch nicht gut Jakutisch.

VIII. Zeiten und Modi des Vollverbs

1. Allgemeines

Im Folgenden wird, wie in den jakutischen Wörterbüchern üblich, anstelle des Infinitivs eines Vollverbs lediglich der Verbstamm angegeben:

nach	Vokal, Diphth.	й, л, р	м, н, ҥ	к, т, с, п, х
э, и	кэпсээ- *erzählen*	биэр- *geben*	үөрэн- *studieren*	тик- *nähen*
ү, ү		күл- *lachen*	төнүн- *umkehren*	күүт- *warten*
ө	өйдөө- *verstehen*	көр- *sehen*	көн- *sich glätten*	көс- *übersiedeln*
а, ы	ahaa- *essen*	ыл- *nehmen*	гын- *machen*	сап- *schließen*
у, у		утуй- *schlafen*	умун- *vergessen*	кут- *eingießen*
о	тохтоо- *stehen bleiben*	олор- *sitzen, wohnen*	тон- *frieren*	тох- *ausgießen*

Die Verneinung erfolgt meist durch ein Suffix **-(и)мэ/-бэ**, das jeweils direkt auf den Verbstamm folgt und die Betonung auf die ihm unmittelbar vorausgehende Silbe zieht. Zur Bildung der einzelnen finiten Formen schließt derjenige Bestandteil an, der einen bestimmten zeitlichen oder modalen Aspekt beinhaltet; er wird im Folgenden als Themasuffix bezeichnet. Die meisten der auf diese Art entstandenen Formen sind Partizipien, die als Prädikatsnomina dienen:

кэпсиир	einer, der erzählt
кэпсиэх	einer, der erzählen wird
кэпсиихи	einer, der möglicherweise erzählt
кэпсээрэй	einer, der (sonst) erzählen könnte
кэпсиирдээх	einer, der erzählen muss/sollte
кэпсиэхтээх	einer, der wird erzählen müssen
кэпсээбит	einer, der erzählt hat

2. Präsens- und Futurformen

a) Das Präsens-Futur auf **-э(р)/ө-ии(р)**, verneint **-бэт**

Durch diese Verbform wird eine Tätigkeit wiedergegeben, die man gegenwärtig ausübt, in naher Zukunft auszuüben beabsichtigt, regelmäßig ausübt oder grundsätzlich auszuüben bereit ist:

Баhаарга барабыт.	Wir gehen auf den Markt.
Сарсын баhаарга барабыт.	Wir gehen morgen auf den Markt.
Күн аайы баhаарга барабыт.	Wir gehen jeden Tag auf den Markt.

Themasuffix der bejahten Formen ist in den 1. und 2. Personen das Konverb auf **-э/ө-ии** (vgl. S. 95), in den 3. Personen das Partizip Präsens auf **-эр/ө-иир** (vgl. S. 84). Das verneinte Themasuffix lautet **-бэт**:

Verbstamm	Themasuffix	präsentische Personalendungen
кэпсээ-	bejaht -э(р)/ө-ии(р)	-бин
биэр-	verneint -бэт	-ҕин
үөрэн-		---
тик-		-бит
		-ҕит
		-лэр

nach	Vokal, Diphth.	й, л, р	м, н, ҥ	к, т, с, п, х
э, и	кэпсиир	биэрэр	үөрэнэр	тигэр
	кэпсээбэт	биэрбэт	үөрэммэт	тикпэт
ү, у		күлэр	төннөр	күүтэр
		күлбэт	төннүбэт	күүппэт
ө	өйдүүр	көрөр	көнөр	көhөр
	өйдөөбөт	көрбөт	көммөт	көспөт
а, ы	аhыыр	ылар	гынар	сабар
	аhаабат	ылбат	гыммат	саппат
у, у		утуйар	умнар	кутар
		утуйбат	умнубат	куппат
о	тохтуур	олорор	тоҥор	тоҕор
	тохтообот	олорбот	тоҥмот	тохпот

Zeiten und Modi des Vollverbs

Die Bezeichnung der Personen erfolgt durch die präsentischen Personalendungen (vgl. S. 51); in der 3. Person Plural wird das **p** des Themasuffixes zu л assimiliert:

кэпсиибин	ich erzähle
кэпсиигин	du erzählst
кэпсиир	er erzählt
кэпсиибит	wir erzählen
кэпсиигит	ihr erzählt
кэпсииллэр	sie erzählen

кэпсээбэппин	ich erzähle nicht
кэпсээбэккин	du erzählst nicht
кэпсээбэт	er erzählt nicht
кэпсээбэппит	wir erzählen nicht
кэпсээбэккит	ihr erzählt nicht
кэпсээбэттэр	sie erzählen nicht

Das Präsens-Futur wird auch als historisches Präsens eingesetzt:

Ол күн хаар түһэр. Сарсыарда туран табаларбын көрө тахсабын.	An jenem Tag schneit es. Am Morgen stehe ich auf und gehe hinaus, nach meinen Rentieren zu sehen.
Эмискэ тыал түһэр, халлааны былыт сабар, силлиэ хаары ытыйар, туундара кыһыҥҥылыы маҥхайар, халлаан тымныйар.	Plötzlich fährt ein Wind hernieder, den Himmel bedecken Wolken, ein Sturm wirbelt den Schnee hoch, die Tundra wird winterlich weiß, es wird kalt.

Zur Konjugation der weiteren Zeiten und Modi vgl. die Tabellen im Anhang ab S. 130 ff.

Zeiten und Modi des Vollverbs

b) Das Futur auf **ө-иэх**

Das Futur gibt eine Handlung wieder, die infolge eines festen Entschlusses oder eines Zwangs in der Zukunft eintreten wird. Je nach Situation kann es daher auch mit *wollen* oder *müssen* übersetzt werden:

Билигин киинэҕэ барыам.	Ich werde jetzt ins Kino gehen.
Эһиил оскуоланы бүтэриэм.	Ich werde nächstes Jahr die Schule beenden.
Бүгүн үлэҕэ барыаң суоҕа дуо?	Wirst/musst du heute nicht zur Arbeit gehen?
Суох, мин бүгүн үлэҕэ барыам суоҕа.	Nein, ich werde heute nicht zur Arbeit gehen.

An das Themasuffix des Futur **ө-иэх** werden zur Bezeichnung der handelnden Personen die possessiven Personalendungen angefügt (vgl. S. 56). Im Singular haben sich Kurzformen gebildet, die vor allem in der gesprochenen Sprache verwendet werden. Die Verneinung erfolgt durch **суоҕа**, das den bejahten Formen, im Singular den Kurzformen, nachgestellt wird:

Verbstamm	Themasuffix	possessive Personalendungen	Verneinung
кэпсээ-	ө-иэх	-им	суоҕа
биэр-		-иң	
үөрэн-		-э	
тик-		-бит	
		-ҕит	
		-лэрэ	

nach	Vokal, Diphth.	й, л, р	м, н, ң	к, т, с, п, х
э, и	кэпсиэ(ҕэ)	биэриэ(ҕэ)	үөрэниэ(ҕэ)	тигиэ(ҕэ)
ү, у		күлүө(ҕэ)	төннүө(ҕэ)	күүтүө(ҕэ)
ө	өйдүө(ҕэ)	көрүө(ҕэ)	көнүө(ҕэ)	көһүө(ҕэ)
а, ы	аһыа(ҕа)	ылыа(ҕа)	гыныа(ҕа)	сабыа(ҕа)
у, у		утуйуо(ҕа)	умнуо(ҕа)	кутуо(ҕа)
о	тохтуо(ҕа)	олоруо(ҕа)	тонуо(ҕа)	тоҕуо(ҕа)

Zeiten und Modi des Vollverbs

c) Der Präsumptiv auf ө-ииһи

Mit dieser Verbform bringt der Sprecher seine Erwartung oder Hoffnung zum Ausdruck, dass eine Handlung einsetzen bzw. eine Situation eintreten wird. Bei einigen Verbstämmen auf **-л** oder **-р** wie beispielsweise **буол-** *werden, sein*, **хаал-** *bleiben*, **киир-** *eintreten*, **кэл-** *kommen* kann es zur Zusammenziehung des Themasuffixes kommen:

Уолбутуттан үчүгэй булчут тахсыыһы.	Aus unserem Sohn wird hoffentlich ein guter Jäger werden.
Мин сарсын куоракка барыыһыбын.	Ich werde möglicherweise morgen in die Stadt fahren.
Бүгүн үчүгэй күн буолууһу/буолсу.	Wie es aussieht, wird es heute wohl ein schöner Tag werden.

Verbstamm	Negation	Themasuffix	präsentische Personalendungen
кэпсээ-	-(и)мэ	ө-ииһи	-бин
биэр-			-ҕин
үөрэн-			---
тик-			-бит
			-ҕит
			-лэр

nach	Vokal, Diphth.	й, л, р	м, н, ҥ	к, т, с, п, х
э, и	кэпсииһи кэпсээмииһи	биэрииһи биэримииһи	үөрэнииһи үөрэнимииһи	тигииһи тигимииһи
ү, у		күлүүһү күлүмүүһү	төннүүһү төннүмүүһү	күүтүүһү күүтүмүүһү
ө	өйдүүһү өйдөөмүүһү	көрүүһү көрүмүүһү	көнүүһү көнүмүүһү	көһүүһү көһүмүүһү
а, ы	аһыыһы аһаамыыһы	ылыыһы ылымыыһы	гыныыһы гынымыыһы	сабыыһы сабымыыһы
у, у		утуйууһу утуйумууһу	умнууһу умнумууһу	кутууһу кутумууһу
о	тохтууһу тохтоомууһу	олорууһу олорумууһу	тоҥуyһу тоҥумууһу	тоҕууһу тоҕумууһу

d) Der Potential auf ɵ-ээйэ

Durch diese Verbform bringt der Sprecher einerseits seine Vermutung, andererseits aber auch seine Befürchtung zum Ausdruck, dass die beschriebene Handlung einsetzen könnte. Für die 1. und 2. Personen lautet das Themasuffix **ɵ-ээйэ**, für die 3. Personen **ɵ-ээрэй** bzw. **ɵ-ээйэр**. In der 3. Person Plural wird das **p** des Themasuffixes zu **л** assimiliert:

Мин уолгар кинигэтэ аађыым, баҕар уоскуйаарай.	Lass mich deinem Sohn ein Buch vorlesen; vielleicht beruhigt er sich.
Кыратык саҥарыҥ, оҕо уһугунаарай.	Sprecht leise; das Kind könnte aufwachen.
Тиэтэйэрбит наада, хойутаайабыт.	Wir müssen uns beeilen, wir könnten uns (sonst) verspäten.

Verbstamm	Negation	Themasuffix	präsentische Personalendungen
кэпсээ-	-(и)мэ	ɵ-ээйэ	-бин
биэр-		ɵ-ээйэ	-ҕин
үөрэн-		ɵ-ээрэй	---
тик-		ɵ-ээйэ	-бит
		ɵ-ээйэ	-ҕит
		ɵ-ээйэр	-лэр

nach	Vokal, Diphth.	й, л, р	м, н, ҥ	к, т, с, п, х
э, и	кэпсээрэй	биэрээрэй	үөрэнээрэй	тигээрэй
	кэпсээмээрэй	биэримээрэй	үөрэнимээрэй	тигимээрэй
ү, ү		күлээрэй	төннөөрөй	күүтээрэй
		күлүмээрэй	төннүмээрэй	күүтүмээрэй
ө	өйдөөрөй	көрөөрөй	көнөөрөй	көһөөрөй
	өйдөөмөөрөй	көрүмээрэй	көнүмээрэй	көһүмээрэй
а, ы	ahaарай	ылаарай	гынаарай	сабаарай
	ahaaмаарай	ылымаарай	гынымаарай	сабымаарай
у, ү		утуйаарай	умнаарай	кутаарай
		утуйумаарай	умнумаарай	кутумаарай
о	тохтоорой	олооророй	тоҥоорой	тоҕоорой
	тохтоомоорой	олорумаарай	тоҥумаарай	тоҕумаарай

3. Aufforderungsformen

a) Der Optativ

Der jakutische Optativ findet in den 1. Personen Anwendung; er entspricht dem deutschen Modalverb *mögen*. Für den Plural besitzt das Jakutische zwei Formen: durch das kürzere Suffix **-иэх** werden der Sprecher und eine weitere Person, durch **-иэҕиҥ** der Sprecher und eine Gruppe von Personen angesprochen:

Чэ, аһыах, чаас хойутаата.	Auf, lass uns essen; es ist spät geworden.
Истибиппитин кэпсээмиэх.	Lass uns nicht erzählen, was wir gehört haben.
Үлэбитин бүтэрэ охсуоҕуҥ.	Lasst uns rasch unsere Arbeit beenden.
Оҕолоор, киинэҕэ барыаҕын!	Kinder, lasst uns ins Kino gehen!

Verbstamm	Negation	Optativendungen 1. Personen
кэпсээ-	-(и)мэ	ø-иим
биэр-		ø-иэх/иэҕиҥ
үөрэн-		
тик-		

nach	Vokal, Diphth.	й, л, р	м, н, ҥ	к, т, с, п, х
э, и	кэпсиим	биэриим	үөрэниим	тигиим
	кэпсээмиим	биэримиим	үөрэнимиим	тигимиим
ү, у		күлүүм	төннүүм	күүтүүм
		күлүмүүм	төннүмүүм	күүтүмүүм
ө	өйдүүм	көрүүм	көнүүм	көһүүм
	өйдөөмүүм	көрүмүүм	көнүмүүм	көһүмүүм
а, ы	аһыым	ылыым	гыныым	сабыым
	аһаамыым	ылымыым	гынымыым	сабымыым
у, у		утуйуум	умнуум	кутуум
		утуйумуум	умнумуум	кутумуум
о	тохтуум	олоруум	тоҥуум	тоҕуум
	тохтоомуум	олорумуум	тоҥумуум	тоҕумуум

b) Der Imperativ Präsens der 2. Personen

Zur Wiedergabe von Imperativen der 2. Personen besitzt das Jakutische Formen sowohl für das Präsens wie auch für das Futur. Der Imperativ Präsens der 2. Person Singular ist mit dem Verbstamm identisch. Zur Bildung des Imperativs der 2. Person Plural wird das Suffix **-(и)ң** angefügt:

Кэл, манна сыт.	Komm, lege dich hierher.
Үчүгэйдик утуй.	Schlaf gut.
Кимтэн да, туохтан да куттанымаң.	Fürchtet euch vor niemandem und nichts.
Болҕомтолоохтук истиң.	Hört aufmerksam zu.

Verbstamm	Negation	Imperativendungen 2. Personen
кэпсээ-	-(и)мэ	---
биэр-		-(и)ң
үөрэн-		
тик-		

nach	Vokal, Diphth.	й, л, р	м, н, ң	к, т, с, п, х
э, и	кэпсээң кэпсээмэң	биэриң биэримэң	үөрэниң үөрэнимэң	тигиң тигимэң
ү, у		күлүң күлүмэң	төннүң төннүмэң	күүтүң күүтүмэң
ө	өйдөөң өйдөөмөң	көрүң көрүмэң	көнүң көнүмэң	көһүң көһүмэң
а, ы	аһааң аһаамаң	ылың ылымаң	гының гынымаң	сабың сабымаң
у, у		утуйуң утуйумаң	умнуң умнумаң	кутуң кутумаң
о	тохтооң тохтоомоң	олоруң олоруман	тоңуң тоңумаң	тоҕуң тоҕумаң

Zeiten und Modi des Vollverbs 65

b) Der Imperativ Futur der 2. Personen

Durch den Imperativ Futur wird zum Ausdruck gebracht, dass die Handlung erst zu einem späteren Zeitpunkt erfolgen soll. Das Suffix zu seiner Bildung lautet **ø-ээр**; im Plural wird die gleiche Imperativendung wie im Präsens angefügt:

Билигин кэлимэ, сарсын кэлээр.	Komme nicht jetzt, komme morgen.
Ханна эмэ барар буоллаххына, миэхэ этээр.	Wenn du irgendwohin gehst, sage es mir (dann).
Кэпсээн эрдэхпинэ болҕомтолоохтук истээриҥ.	Hört mir aufmerksam zu, wenn ich (dann) erzähle(n werde).

Verbstamm	Negation	Themasuffix	Imperativendungen 2. Personen
кэпсээ-	-(и)м	ø-ээр	---
биэр-			-иҥ
үөрэн-			
тик-			

nach	Vokal, Diphth.	й, л, р	м, н, ҥ	к, т, с, п, х
э, и	кэпсээриҥ кэпсээмээриҥ	биэрээриҥ биэримээриҥ	үөрэнээриҥ үөрэнимээриҥ	тигээриҥ тигимээриҥ
ү, у		күлээриҥ күлүмээриҥ	төннөөрүҥ төннүмээриҥ	күүтээриҥ күүтүмээриҥ
ө	өйдөөрүҥ өйдөөмөөрүҥ	көрөөрүҥ көрүмээриҥ	көнөөрүҥ көнүмээриҥ	көһөөрүҥ көһүмээриҥ
а, ы	аһааарыҥ аһаамаарыҥ	ылаарыҥ ылымаарыҥ	гынаарыҥ гынымаарыҥ	сабаарыҥ сабымаарыҥ
у, у		утуйаарыҥ утуйумаарыҥ	умнаарыҥ умнумаарыҥ	кутаарыҥ кутумаарыҥ
о	тохтооруҥ тохтоомооруҥ	олороорун олорумаарын	тоҥооруҥ тоҥумаарыҥ	тоҕооруҥ тоҕумаарыҥ

c) Der Imperativ der 3. Personen

Auch für die 3. Personen kennt das Jakutische eine eigene Aufforderungsform; die deutsche Wiedergabe erfolgt durch das Hilfsverb *sollen*:

Аҕаҥ миэхэ эрийдин.	Dein Vater soll mich anrufen.
Уолаттар биһиэхэ көмөлөстүннэр.	Die Jungen sollen uns helfen.
Оҕолор тымныйбатыннар; ичигэстик таҥынныннар.	Die Kinder sollen sich nicht erkälten; sie sollen sich warm anziehen.

Verbstamm	Negation	Imperativendungen 3. Personen
кэпсээ-	бэ-	-тин
биэр-		-тиннэр
үөрэн-		
тик-		

nach	Vokal, Diphth.	й, л, р	м, н, ҥ	к, т, с, п, х
э, и	кэпсээтин кэпсээбэтин	биэрдин биэрбэтин	үөрэннин үөрэммэтин	тиктин тикпэтин
ү, у		күллүн күлбэтин	төнүннүн төннүбэтин	күүттүн күүппэтин
ө	өйдөөтүн өйдөөбөтүн	көрдүн көрбөтүн	көннүн көммөтүн	көстүн көспөтүн
а, ы	аһаатын аһаабатын	ыллын ылбатын	гыннын гымматын	саптын саппатын
у, у		утуйдун утуйбатын	умуннун умнубатын	куттун куппатын
о	тохтоотун тохтооботун	олордун олорботун	тоҥнун тоҥмотун	тохтун тохпотун

Zeiten und Modi des Vollverbs 67

e) Der Nezessitativ Präsens auf **-эрдээх/ø-иирдээх**

Durch Anfügung des Suffixes **-лээх** (vgl. S. 115) an das Partizip Präsens auf **-эр/ø-иир** entsteht eine Verbform mit nezessitativer Bedeutung. Durch diese Form wird nicht ein Zwang, sondern eher eine nachdrückliche Empfehlung wiedergegeben.

Мин баһаарга барардаахпын.	Ich sollte auf den Markt gehen.
Аҕабытыгар эрийэрдээхпит.	Wir sollten unseren Vater anrufen.
Мин эйигин кытта кэпсэтэрдээхпин.	Ich muss mit dir reden.

Verbstamm	Themasuffix	präsentische Personalendungen
кэпсээ-	bejaht -эр/ø-иирдээх	-бин
биэр-	verneint -бэттээх	-ҕин
үөрэн-		---
тик-		-бит
		-ҕит
		-лэр

nach	Vokal, Diphth.	й, л, р	м, н, ҥ	к, т, с, п, х
э, и	кэпсиирдээх кэпсээбэттээх	биэрэрдээх биэрбэттээх	үөрэнэрдээх үөрэммэттээх	тигэрдээх тикпэттээх
ү, у		күлэрдээх күлбэттээх	төннөрдөөх төннүбэттээх	күүтэрдээх күүппэттээх
ө	өйдүүрдээх өйдөөбөттөөх	көрөрдөөх көрбөттөөх	көнөрдөөх көммөттөөх	көһөрдөөх көспөттөөх
а, ы	аһыырдаах аһаабаттаах	ылардаах ылбаттаах	ғынардаах ғымматтаах	сабардаах саппаттаах
у, у		утуйардаах утуйбаттаах	умнардаах умнубаттаах	кутардаах куппаттаах
о	тохтуурдаах тохтооботтоох	олорордоох олорботтоох	тоҥордоох тоҥмоттоох	тоҕордоох тохпоттоох

f) Der Nezessitativ Futur auf ө-иэхтээх

Fügt man das Suffix **-лээх** (vgl. S. 115) an das Partizip Futur auf **ө-иэх** an, entsteht ein Nezessitativ mit futurischer Bedeutung:

Утуйабын, сарсын эрдэ туруохтаахпын.	Ich lege mich schlafen; morgen muss ich früh aufstehen.
Сарсын аҕабытыгар эрийиэхтээхпит.	Wir sollten morgen unseren Vater anrufen.
Биэрбит тылгын эн толоруохтааххын.	Du wirst das Wort, das du gegeben hast, halten müssen.
Наhаа хойутуо суохтаахпыт.	Wir sollten uns nicht zu sehr verspäten.

Verbstamm	Themasuffix	präsentische Personalendungen
кэпсээ-	bejaht ө-иэхтээх	-бин
биэр-	neg. -иэ суохтаах	-ҕин
үөрэн-		---
тик-		-бит
		-ҕит
		-лэр

nach	Vokal, Diphth.	й, л, р	м, н, ҥ	к, т, с, п, х
э, и	кэпсиэхтээх	биэриэхтээх	үөрэниэхтээх	тигиэхтээх
ү, у		күлүөхтээх	төннүөхтээх	күүтүөхтээх
ө	өйдүөхтээх	көрүөхтээх	көнүөхтээх	көhүөхтээх
а, ы	аhыахтаах	ылыахтаах	гыныахтаах	сабыахтаах
у, у		утуйуохтаах	умнуохтаах	кутуохтаах
о	тохтуохтаах	олоруохтаах	тоҥуохтаах	тоҕуохтаах

4. Perfektformen

a) Das einfache Perfekt auf -тэ

Durch diese Zeitform wird eine Handlung beschrieben, die vor nicht allzu langer Zeit durchgeführt und zu einem Abschluss gebracht wurde:

Бастаан турдубут уонна сууннубут. Онтон таңыннныбыт, аһаатыбыт уонна истибит.	Zuerst sind wir aufgestanden und haben uns gewaschen. Danach haben wir uns angezogen, gegessen und getrunken.

Das Themasuffix lautet -т; zur Bezeichnung der Personen folgen die Possessivsuffixe, die mit dem Themasuffix eine Einheit bilden – sie werden im Folgenden als perfektische Personalendungen bezeichnet:

Verbstamm	Verneinung	perfektische Personalendungen
кэпсээ-	-бэ	-тим
биэр-		-тиң
үөрэн-		-тэ
тик-		-тибит
		-тигит
		-тилэр

nach	Vokal, Diphth.	й, л, р	м, н, ң	к, т, с, п, х
э, и	кэпсээтэ	биэрдэ	үөрэннэ	тиктэ
	кэпсээбэтэ	биэрбэтэ	үөрэммэтэ	тикпэтэ
ү, ү		күллэ	төңүннэ	күүттэ
		күлбэтэ	төннүбэтэ	күүппэтэ
ө	өйдөөтө	көрдө	көннө	көстө
	өйдөөбөтө	көрбөтө	көммөтө	көспөтө
а, ы	аһаата	ылла	гынна	сапта
	аһаабата	ылбата	гымматa	саппата
у, у		утуйда	умунна	кутта
		утуйбата	умнубата	куппата
о	тохтоото	олордо	тонно	тохто
	тохтоoбото	олорбото	тонмото	тохпото

b) Das subjektive Perfekt auf -бит

Fügt man an das Partizip Perfekt auf **-бит** die präsentischen Personalendungen an, wird damit eine Tätigkeit beschrieben, die in der Vergangenheit stattgefunden hat und noch bis in die Gegenwart nachwirkt bzw. Gültigkeit besitzt, auch wenn der Sprecher den Vorgang nicht selbst beobachtet bzw. bewusst miterlebt hat. Zur Verneinung dient die negierte Form eines Verbalnomens auf **-тэх** (vgl. S. 92), das bejaht nur selten als Präsikatsnomen verwendet wird:

Бу сурук нууччалыы суруллубут.	Dieser Brief ist auf Russisch geschrieben.
Эн бүгүн миҥҥин тууһаан кэбиспиккин.	Du hast offenbar deine Suppe heute (gründlich) versalzen.
Мин сыыспыппын.	Ich habe mich wohl geirrt.

Verbstamm	Themasuffix	präsentische Personalendungen
кэпсээ-	bejaht -бит	-бин
биэр-	verneint -бэтэх	-ҕин
үөрэн-		---
тик-		-бит
		-ҕит
		-лэр

nach	Vokal, Diphth.	й, л, р	м, н, ҥ	к, т, с, п, х
э, и	кэпсээбит кэпсээбэтэх	биэрбит биэрбэтэх	үөрэммит үөрэммэтэх	тикпит тикпэтэх
ү, у		күлбүт күлбэтэх	төннүбүт төннүбэтэх	күүппүт күүппэтэх
ө	өйдөөбүт өйдөөбөтөх	көрбүт көрбөтөх	көммүт көммөтөх	көспүт көспөтөх
а, ы	аһаабыт аһаабатах	ылбыт ылбатах	гыммыт гымматах	саппыт саппатах
у, у		утуйбут утуйбатах	умнубут умнубатах	куппут куппатах
о	тохтообут тохтообо́тох	олорбут олорботох	тоҥмут тоҥмотох	тохпут тохпотох

c) Das Erzählperfekt auf -бит

Mit den possessiven Personalendungen wird das Partizip Perfekt auf -бит zur Schilderung zum Teil weit zurückliegender Ereignisse verwendet, an deren Wahrheitsgehalt kein Zweifel besteht. Innerhalb einer im Perfekt auf -тэ gehaltenen Erzählung entspricht es einem deutschen Plusquamperfekt:

Мин 1977 сыллаахха төрөөбүтүм. Алта сааспар оскуолаға киирбитим. Уон тоғус сааспар оскуоланы бүтэрбитим уонна ол сыл университекка үөрэнэ киирбитим.	Ich wurde im Jahre 1977 geboren. Mit sechs Jahren kam ich auf die Schule. Im Alter von 19 Jahren beendete ich die Schule und ging im gleichen Jahr auf die Universität.
Мин сууннум уонна таҕынным. Ол күн эрдэ турбутум.	Ich wusch mich und zog mich an. Ich war an jenem Tag früh aufgestanden.

Verbstamm	Themasuffix	possessive Personalendungen
кэпсээ-	bejaht -бит	-им
биэр-	verneint -бэтэх	-иҥ
үөрэн-		-э
тик-		-бит
		-ҕит
		-лэрэ

nach	Vokal, Diphth.	й, л, р	м, н, ҥ	к, т, с, п, х
э, и	кэпсээбитэ кэпсээбэтэҕэ	биэрбитэ биэрбэтэҕэ	үөрэммитэ үөрэммэтэҕэ	тикпитэ тикпэтэҕэ
ү, ү		күлбүтэ күлбэтэҕэ	төннүбүтэ төннүбэтэҕэ	күүппүтэ күүппэтэҕэ
ө	өйдөөбүтэ өйдөөбөтөҕө	көрбүтэ көрбөтөҕө	көммүтэ көммөтөҕө	көспүтэ көспөтөҕө
а, ы	аһаабыта аһаабатаҕа	ылбыта ылбатаҕа	гыммыта гымматаҕа	саппыта саппатаҕа
у, у		утуйбута утуйбатаҕа	умнубута умнубатаҕа	куппута куппатаҕа
о	тохтообута тохтообoтоҕо	олорбута олорбoтоҕо	тоҥмута тоҥмотоҕо	тохпута тохпотоҕо

d) Das episodische Perfekt auf -биттээх

Ein sogenanntes episodisches Perfekt entsteht, indem man das Partizip Perfekt auf **-бит** um das Suffix **-лээх** (vgl. S. 115) ergänzt. Es beschreibt eine Handlung, die sich mehr oder weniger zufällig in der Vergangenheit zugetragen hat:

Мин ол мунньахха тылла эппиттээхпин.	Ich hatte die Gelegenheit, auf jener Versammlung eine Rede zu halten.
Икки сыл анараа өттүгэр саха сиригэр бара сылдьыбыттаахпын.	Vor zwei Jahren hatte ich Gelegenheit, nach Jakutien zu fahren.

Verbstamm	Themasuffix	präsentische Personalendungen
кэпсээ-	bejaht -биттээх	-бин
биэр-	verneint -бэтэхтээх	-ҕин
үөрэн-		---
тик-		-бит
		-ҕит
		-лэр

nach	Vokal, Diphth.	й, л, р	м, н, ҥ	к, т, с, п, х
э, и	кэпсээбиттээх кэпсээбэтэхтээх	биэрбиттээх биэрбэтэхтээх	үөрэммиттээх үөрэммэтэхтээх	тикпиттээх тикпэтэхтээх
ү, у		күлбүттээх күлбэтэхтээх	төннүбүттээх төннүбэтэхтээх	күүппүттээх күүппэтэхтээх
ө	өйдөөбүттээх өйдөөбөтөхтөөх	көрбүттээх көрбөтөхтөөх	көммүттээх көммөтөхтөөх	көспүттээх көспөтөхтөөх
а, ы	аһаабыттаах аһаабатахтаах	ылбыттаах ылбатахтаах	гыммыттаах гыммматахтаах	саппыттаах саппатахтаах
у, у		утуйбуттаах утуйбатахтаах	умнубуттаах умнубатахтаах	куппуттаах куппатахтаах
о	тохтообуттаах тохтооботохтоох	олорбуттаах олорботохтоох	тоҥмуттаах тоҥмотохтоох	тохпуттаах тохпотохтоох

5. Zusammengesetzte Verbformen

Das Jakutische besitzt eine Fülle weiterer finiter Verbformen, denn es ist möglich, an die auf S. 57 aufgeführten Partizipien des Vollverbs anstelle der einfachen präsentischen oder possessiven Personalendungen die Formen **эбит** und **этэ** des Hilfsverbs *sein* sowie von **буол-** *werden, sein* (vgl. Kapitel VII) anzufügen.

a) Mit **эбит** zusammengesetzte Verbformen

Durch Anfügung von **эбит** erhalten die jeweiligen Handlungen die auf S. 53 beschriebenen Nuancen der Vermutung bzw. der Unbestimmtheit, doch gehen in der Praxis nicht alle Zeiten und Modi diese Verbindung ein:

Ийэҥ күн аайы баһаарга барар эбит.	Deine Mutter geht wohl jeden Tag auf den Markt.
Эн саха тылын үчүгэйдик билэр эбиккин.	Du scheinst gut Jakutisch zu können.

Ыалдьыттарбыт кэлбит эбиттэр.	Unsere Gäste scheinen gekommen zu sein.
Эн тугу да умнубатах эбиккин.	Du scheinst nichts vergessen zu haben.
Мин сыыспыт эбиппин.	Ich scheine mich wohl geirrt zu haben.

Durch Anfügung an das Futur werden ein Wunsch oder ein wohlgemeinter Rat zum Ausdruck gebracht:

Мин дьиэбэр үлэлиэ эбиппин, көҥүллээтэргит.	Ich würde gerne zu Hause arbeiten, wenn ihr es erlaubt.
Кырдьаҕас киһини кытта көнөтүк да кэпсэтиэ эбиккин.	Mit einem alten Menschen solltest du aufrichtig (gradlinig) reden.

b) Mit этэ zusammengesetzte Verbformen

Durch Anfügung der Formen von этэ (vgl. S. 54) erfolgt eine Übertragung der einfachen Zeiten und Modi in die Vergangenheit. In Verbindung mit dem Präsens-Futur entsteht ein Präteritum, das zugleich beinhaltet, dass die geschilderte Situation der Vergangenheit angehört:

Сахалар 19–с үйэҕэ диэри оҕуруот аһын үүннэрбэт этилэр.	Die Jakuten pflegten bis ins 19. Jahrhundert kein Gemüse anzubauen.
Мин оҕо эрдэхпинэ аҕам колхозка үлэлиир этэ.	Als ich ein Kind war, arbeitete mein Vater in einer Kolchose.
Миэхэ урут эбэм остуоруйа кэпсиир этэ.	Früher pflegte mir meine Großmutter Märchen zu erzählen.

Durch Anfügung an das Partizip Perfekt entsteht ein Plusquamperfekt:

| Мин алта чааска уһуктубутум. Күн хайыы-үйэҕэ тахсыбыт этэ. | Ich wachte um sechs Uhr auf. Die Sonne war schon aufgegangen. |
| Дьиэбэр кэлбитим, дьонум хайыы-үйэҕэ сыппыттар этэ. | Ich kam nach Hause, da hatten sich meine Leute schon schlafen gelegt. |

Ergänzt man das Futur um die Formen von этэ, werden eine Absicht oder eine Empfehlung wiedergegeben:

Мин сарсын эһиэхэ кэлиэх этим.	Ich hatte vor, morgen zu euch zu kommen/ ich würde morgen gerne zu euch kommen.
Киэһэ буолла, төннүөх этибит.	Es ist Abend geworden; wir sollten umkehren.
Ону кинилэргэ кэпсиэ суох этиҥ.	Das hättest du ihnen nicht erzählen sollen.

Durch этэ wird auch ein Nezessitativ in die Vergangenheit übertragen:

| Мин ол сарсыарда эрдэ турардаах этим. | Ich musste an jenem Morgen früh aufstehen. |

Das Perfekt auf -тэ ist zwar kein Partizip, dennoch ist es möglich, es um этэ zu ergänzen. Diese Verbindung tritt meist in wörtlicher Rede auf und soll deutlich machen, dass sich der Sprecher nur noch vage an den geschilderten Vorgang erinnert:

| Бэҕэһээ киэһэ төһөҕө кэллим этэй? | Um welche Zeit bin ich gestern Abend nur gekommen? |

c) Mit **буол-** zusammengesetzte Formen

Das Verb **буол-** *werden* vertritt das Hilfsverb *sein* in allen Zeiten und Modi, in denen dieses über keine eigenen Bildungen verfügt (vgl. S. 52), und kann in dieser Funktion ebenfalls mit einzelnen Partizipien des Vollverbs verbunden werden:

Эһэм табаҕы тардар буолар.	Mein Großvater ist einer, der raucht = mein Großvater pflegt zu rauchen.
Мин, баҕар, бүгүн баһаарга барар буолуом.	Möglicherweise werde ich einer sein, der heute zum Markt geht = möglicherweise werde ich heute zum Markt gehen
Эһэм эдэригэр бөрөлүүр буолара.	Mein Großvater war in seiner Jugend einer, der Wölfe jagt = mein Großvater pflegte in seiner Jugend Wölfe zu jagen.

| Эн кэллэххинэ мин ас астыы илик буолуом. | Wenn du kommst, werde ich einer sein, der das Essen noch nicht zubereitet hat = wenn du kommst, werde ich das Essen noch nicht zubereitet haben. |
| Оҕолор билбит буолуохтаахтар. | Die Kinder werden welche sein müssen, die es gewusst haben = die Kinder müssen es gewusst haben. |

Zur Wiedergabe eines Futur II wird das Partizip Perfekt auf **-бит** hinter das konjugierte Futur von **буол-** gestellt:

Эн кэллэххинэ мин ас астаабыт буолуом.	Wenn du kommst, werde ich einer sein, der das Essen zubereitet hat = ich werde das Essen zubereitet haben, wenn du kommst.

Um ein etwas weniger bestimmtes Futur II wiederzugeben, stellt man das Verbalsubstantiv auf **-бит** mit Possessivsuffixen (vgl. S. 87) vor die unveränderte Futurform **буолуо(ҕа)** *es wird wohl so sein, dass*:

Үгүс саха киһитэ хоту дойду туундаратын көрбөтөҕө буолуо.	Es wird wohl so sein, dass die meisten Jakuten die nördliche Tundra (noch) nicht gesehen haben.
Эн аччыктаабытың буолуо, аһыах.	Du dürftest hungrig (geworden) sein, lass uns essen.

Auch bei der Form **буолаарай** *es könnte sein, dass* werden die entsprechenden Verbalsubstantive mit Possessivsuffixen vorangestellt:

Оннугу истэриң буолаарай.	Es könnte sein, dass du so etwas hörst.
Оннугу истиэ(ҕи)ң буолаарай.	Es könnte sein, dass du so etwas hören wirst.
Оннугу истибитиң буолаарай.	Es könnte sein, dass du so etwas gehört hast.

Durch die Perfektformen von **буол-** in der Bedeutung *werden* wird das Entstehen einer Situation zum Ausdruck gebracht:

Мин кымыһы иһэр буоллум.	Ich bin einer geworden, der Kumys trinkt = ich habe angefangen, Kumys zu trinken.
Мин тугу да өйдөөбөт буоллум.	Ich bin einer geworden, der nichts versteht = ich verstehe überhaupt nichts mehr.

6. Das Präteritum auf -эр/ө-иир

Fügt man die possessiven Personalendungen an das Präsens-Futur auf **-эр/ө-иир** an, entsteht ein Präteritum, das fast ausschließlich in seiner bejahten Form auftritt und eine Gewohnheit oder eine Handlung ohne Hinweis darauf wiedergibt, wann sie begonnen oder geendet hat:

Оччоҕо аҕам колхозка үлэлиирэ.	Mein Vater arbeitete damals in einer Kolchose.
Миэхэ эбэм остуоруйа кэпсиирэ.	Meine Großmutter pflegte mir (damals) Märchen zu erzählen.
Сахалар кымыһы күн аайы иһэллэрэ.	Die Jakuten pflegten (damals) den Kumys täglich zu trinken.

Diese Form wird auch eingesetzt, wenn innerhalb einer im Erzählperfekt (vgl. S. 71) gehaltenen Schilderung der Handlungsablauf zum Stillstand kommt und eine vorgefundene Situation beschrieben wird:

Уруок кэнниттэн автобус тохтуур сиригэр сүүрбүппүтүм. Руслан хайы-үйэҕэ кэтэһэн турара.	Nach dem Unterricht lief ich zur Bushaltestelle. Ruslan stand schon da und wartete.

Verbstamm	Themasuffix	possessive Personalendungen
кэпсээ-	bejaht -эр/ө-иир	-им
биэр-	verneint -бэт	-иҥ
		-э
		-бит
		-ҕит
		-лэрэ

nach	Vokal, Diphth.	й, л, р	м, н, ҥ	к, т, с, п, х
э, и	кэпсиирэ	биэрэрэ	үөрэнэрэ	тигэрэ
ү, у		күлэрэ	төннөрө	күүтэрэ
ө	өйдүүрэ	көрөрө	көнөрө	көһөрө
а, ы	аһыыра	ылара	гынара	сабара
у, у		утуйара	умнара	кутара
о	тохтуура	олороро	тоҥоро	тоҕоро

7. Der Konditional auf -тэр

Zur Bildung von konditionalen Verbformen besitzt das Jakutische ein eigenes Themasuffix **-тэр**. Die konditionalen Verbformen dienen der Wiedergabe sowohl von realen wie auch irrealen Konditionalsätzen; die Form des Prädikats gibt darüber Auskunft, um welche Art von Konditionalsatz es sich handelt. Im Falle eines realen Konditionals bilden das Präsens-Futur, das Futur oder ein Imperativ oder Optativ das Prädikat des Hauptsatzes. In der 3. Person Plural wird auch hier das **p** des Themasuffixes zu **л** assimiliert:

Баһардаргын, бар; баһарбатаргын, барыма.	Wenn du willst, gehe; wenn du nicht willst, gehe nicht.
Эн бардаргын, мин эмиэ барыам.	Wenn du gehst, werde ich auch gehen.
Эн барбатаргын мин да барыам суоҕа.	Wenn du nicht gehst, werde ich auch nicht gehen.

Im Fall eines irrealen Konditionals bilden das Präsens-Futur oder Futur, ergänzt um **этэ** oder auch **эбит**, das Prädikat des Satzes:

Эн бардаргын, мин эмиэ барыам этэ.	Wenn du gingest, ginge ich auch.
Барбатаргын, мин эмиэ барыам суоҕа этэ.	Wenn du nicht gingest, ginge ich auch nicht.

Ein Konzessivsatz entsteht durch Ergänzung der Verbform um **да** *auch*:

Эн бардаргын да, мин барыам суоҕа.	Wenn du auch gehst, (so) werde ich (doch) nicht gehen.

Verbstamm	Negation	Themasuffix	präsentische Personalendungen
кэпсээ-	-бэ	-тэр	-бин
биэр-			-ҕин
үөрэн-			---
тик-			-бит
			-ҕит
			-лэр

nach	Vokal, Diphth.	й, л, р	м, н, ҥ	к, т, с, п, х
э, иэ	кэпсээтэр	биэрдэр	үөрэннэр	тиктэр
	кэпсээбэтэр	биэрбэтэр	үөрэммэтэр	тикпэтэр
ү, үө		күллэр	төнүннэр	күүттэр
		күлбэтэр	төннүбэтэр	күүппэтэр
ө	өйдөөтөр	көрдөр	көннөр	көстөр
	өйдөөбөтөр	көрбөтөр	көммөтөр	көспөтөр
а, ыа	ahaaтар	ыллар	гыннар	саптар
	ahaaбатар	ылбатар	гымматар	саппатар
у, уо		утуйдар	умуннар	куттар
		утуйбатар	умнубатар	куппатар
о	тохтоотор	олордор	тоҥнор	тохтор
	тохтооботор	олорботор	тоҥмотор	тохпотор

Zeitliche Differenzierungen lassen sich dadurch bilden, dass man die konditionale Form **буоллар** *wenn es so ist/wäre, dass ...* hinter die entsprechenden Verbalsubstantive des Vollverbs (vgl. Kap. IX) stellt:

Кэлэргин билэрим буоллар, дьиэбэр хаалыам этэ.	Wenn ich wüsste, dass du kommst, würde ich zu Hause bleiben.
Кэлэргин билбитим буоллар, дьиэбэр хаалыам этэ.	Wenn ich gewusst hätte, dass du kommst, wäre ich zu Hause geblieben.

Кэлэриҥ буоллар, улаханнык үөрүөм этэ.	Wenn du kämst, würde ich mich riesig freuen.
Кэлбитиҥ буоллар, улаханнык үөрүөм этэ.	Wenn du gekommen wärst, hätte ich mich riesig gefreut.

Биир чаahынан эрдэ кэлбиппит буоллар, доҕотторбутун көрсүө эбиппит.	Wären wir eine Stunde früher gekommen, hätten wir unsere Freunde vermutlich getroffen.

Wie im Deutschen, kann auch im Jakutischen der Nachsatz fehlen:

Итини билбитим буоллар, ...	Wenn ich das gewusst hätte, ...

Das Hilfsverb *sein* wird durch das Verbalnomen **эбит** wiedergegeben:

Мин эдэр эбитим буоллар, эһигини кытта барсыам этэ.	Wenn ich jung wäre, würde ich mit euch gehen.
Эн оннугар мин эбитим буоллар, итини оҥоруом суоҕа этэ.	Ich würde das nicht tun, wenn ich an deiner Stelle wäre.

Die Vorzeitigkeit eines Konditionalsatzes kann dadurch präzisiert werden, dass man das Verbalsubstantiv **эбит** hinter das Verbalsubstantiv auf **-бит** des jeweiligen Verbs stellt. Der Nachsatz wird entsprechend erweitert, indem man das um **этэ** erweiterte Futur von **буол-** hinter das Partizip auf -**бит** des Vollverbs stellt:

Эн киинэҕэ барбытыҥ эбитэ буоллар, мин эмиэ барбыт буолуом этэ.	Wenn du ins Kino gegangen wärst, wäre ich auch gegangen.

Die Formulierung **ол да буоллар** *wenn dem auch so ist* entspricht dem deutschen *dennoch*:

Биһиги наһаа тиэтэйбиппит, ол да буоллар хойутаатыбыт.	Wir haben uns sehr beeilt; dennoch haben wir uns verspätet.

Schließlich werden konditionale Verbformen auch zur Wiedergabe verallgemeinernder Relativsätze eingesetzt, die im Deutschen durch Fragewörter eingeleitet werden:

Ким да буоллар, киллэриҥ.	Wer es auch sei, bringt ihn herein.

IX. Verbalnomina

1. Allgemeines

Verbalnomina sind einerseits Verbalsubstantive oder Infinitive, die eine Handlung oder einen Sachverhalt beschreiben. Je nachdem, welchen Kasus das folgende Verb regiert, können sie dekliniert und im Zusammenhang mit Postpositionen verwendet werden:

Сергей көмөлөһөрө	die Tatsache, dass Sergej hilft
Сергей көмөлөспүтэ	die Tatsache, dass Sergej geholfen hat
Сергей көмөлөһүөҕэ	die Tatsache, dass Sergej helfen wird

Auf der anderen Seite sind Verbalnomina auch Verbaladjektive oder Partizipien, deren Wiedergabe im Deutschen zumeist in Form eines Relativsatzes erfolgt. Da sie als Adjektive verstanden werden, können sie nicht nur attributiv vor einem Substantiv stehen, sondern auch selbst substantivisch gebraucht werden (vgl. Kapitel II). In dieser letzteren Funktion bilden sie u.a. die Gruppe von Prädikatsnomina, die zur Bildung finiter Verbformen eingesetzt werden (vgl. Kapitel VIII):

көмөлөһөр доҕор	ein Freund, der hilft
көмөлөспүт доҕор	ein Freund, der geholfen hat
көмөлөһүөх доҕор	ein Freund, der helfen wird

көмөлөһөр	einer, der hilft
көмөлөспүт	einer, der geholfen hat
көмөлөһүөх	einer, der helfen wird

2. Das Verbalsubstantiv auf **-эр/ө-иир**

Dieses Verbalsubstantiv bezeichnet einerseits eine in der Gegenwart andauernde wie auch andererseits eine in der nahen Zukunft liegende, erwartete oder erhoffte Handlung.

Ohne Possessivsuffixe gibt es eine allgemeine Tätigkeit wieder und entspricht so in vieler Hinsicht deutschen Nebensätzen mit dem Infinitiv mit *zu*:

Кэпсэтэрдээбэр оҥорор ордук.	Es ist besser zu handeln, als zu reden.
Автобуһунан айанныыр олус табыгастаах.	Es ist sehr bequem, mit dem Bus zu reisen.
Табахтыыр көҥүллэммэт.	Es ist nicht gestattet, zu rauchen.

Eine häufig verwendete Form ist der Dativ. Er tritt bei Verben auf, die eine Ziel- oder Zweckrichtung beinhalten, wie **бэлэм буол-** *bereit sein*, **көмөлөс-** *behilflich sein*, **көҥүл ыл-** *die Erlaubnis erhalten*, **көҥүллээ-** *die Erlaubnis geben*, **санан-** *beabsichtigen, beschließen*, **тиий-** *verpflichtet sein*, **тиэтэй-** *sich beeilen*, **уолдьас-** *kommen (Zeit)*, **харчыта суох буол-** *kein Geld haben*, **холон-** *sich bemühen, versuchen*, **ыыт-** *schicken*:

Кыргыттар куоракка барарга көҥүл ылбыттара.	Die Mädchen haben die Erlaubnis erhalten, in die Stadt zu fahren.
Мария көмөлөһөргө бэлэм.	Maria ist bereit, zu helfen.
Куоракка дьиэ атыылаһарга харчым суох.	Ich habe nicht das Geld, in der Stadt ein Haus zu kaufen.

Er kann aber auch als Subjekt eines Satzes oder im Zusammenhang mit Verben auftreten, die einen anderen Kasus als den Dativ regieren:

| Сахалар оҕуруот аһын олордорго уонна сииргэ нууччалартан үөрэммиттэрэ. | Die Jakuten haben von den Russen gelernt, Gemüse anzubauen und zu essen. |
| Саха тылын үөрэтэргэ олус ыарахан. | Es ist sehr mühsam, die jakutische Sprache zu erlernen. |

Mit Possessivsuffixen drückt das Verbalsubstantiv auf -**эр/ө-иир** eine konkrete, auf eine handelnde Person bezogene Tätigkeit aus, die im Bereich der Gegenwart liegt. Die deutsche Wiedergabe erfolgt durch ein Verbalsubstantiv oder eine Konstruktion mit „die Tatsache, dass":

Мин куоракка олороорум биэс сыл буолла.	Es sind (jetzt) fünf Jahre, dass ich in der Stadt wohne.
Эн барарыҥ хомолтолоох.	Es ist bedauerlich, dass du gehst.
Тиэтэйэрбит наада.	Es ist erforderlich, dass wir uns beeilen = wir müssen uns beeilen.
Күн үчүгэй буоларыгар эрэнэбит.	Wir hoffen, dass der Tag schön wird.
Бу аадырыһы буларбар көмөлөһүөххүт дуо?	Werden Sie mir helfen, damit ich diese Adresse finde?
Саха тылын билэргитин истибитим.	Ich habe gehört, dass Sie die jakutische Sprache können.
Мин дьиэ кэргэммин билиһиннэрэрбин көҥүллээ.	Gestatte, dass ich meine Familie vorstelle/bekannt mache.
Ийэбит дьиэҕэ киирэрин көрдүм.	Ich habe unsere Mutter ins Haus gehen sehen.
Самолёт кэлэрин кэтэһэбит.	Wir warten darauf, dass das Flugzeug kommt.
Кыыспыт үөрэнэрин тухары кини-эхэ көмөлөһөрбүтүн тохтотуохпут суоҕа.	Solange unsere Tochter studiert, werden wir nicht aufhören, sie zu unterstützen.

Auf die gleiche Art werden Sätze gebildet, die deutschen indirekten Fragesätzen entsprechen:

Учуутталбыт ханна олороорун билэҕин дуо?	Weißt du, wo unser Lehrer wohnt?
Миэхэ, баһаалыста, хайдах станцияҕа тийэрбин этиэҥ дуо?	Würdest/wirst du mir bitte sagen, wie ich zum Bahnhof gelange?

Durch den Ablativ werden Kausalsätze wiedergegeben:

Эһигини кытта билсиһэрбиттэн олус үөрэбин.	Ich freue mich sehr, dass ich mit euch Bekanntschaft schließe.

| Оҕолор утуйа сыталларыттан кыратык саҥарыаҕыҥ. | Lasst uns leise sprechen, weil die Kinder schlafen. |

Im Zusammenhang mit der Postposition **кытта** *mit* entstehen Temporalsätze, die im Deutschen durch *als*, *sobald* eingeleitet werden:

| Күһүн буоларын кытта көтөрдөр ичигэс дойдуларга көтөн бараллар. | Sobald es Herbst wird, fliegen die Vögel in warme Länder (davon). |
| Күн тахсарын кытта турбуппут. | Wir sind mit dem Sonnenaufgang aufgestanden. |

3. Das Partizip auf -эр/ө-иир

Als Partizip dient das Verbalnomen auf -**эр/ө-иир** als Entsprechung deutscher Relativsätze. Bei dem folgenden Beispiel ist das auf das Partizip folgende Substantiv das Subjekt sowohl der Haupt- als auch der Nebenhandlung; im Deutschen steht das Relativpronomen im Nominativ:

| Эйигин кытта төлөпүөнүнэн кэпсэтэр дьахтар кимий? | Wer ist die Frau, die mit dir telefoniert? |

Steht vor dem Partizip ein Substantiv mit dem Possessivsuffix der 3. Person im Nominativ, ist dieses das Subjekt der Nebenhandlung. Die deutsche Übersetzung erfolgt, indem man das Relativpronomen in den Genitiv setzt:

| **Кыыһы** эйигин кытта төлөпүөнүнэн кэпсэтэр дьахтар кимий? | Wer ist die Frau, **deren Tochter** mit dir telefoniert? |

Steht hinter dem Partizip ein Substantiv mit einem Possessivsuffix, ist dies das Subjekt der Nebenhandlung. Welchen Kasus bzw. Postpositionalkasus das Verb, das die Partizipialform bildet, regiert, bleibt dabei unberücksichtigt:

| Төлөпүөнүнэн кэпсэтэр дьахта**рыҥ** кимий? | Wer ist die Frau, **mit der du** telefonierst? |

Steht in einem solchen Satz vor der Partizipialform zusätzlich ein Substantiv mit dem Possessivsuffix der 3. Person sowie dem Kasus bzw. dem Postpositionalkasus, den das betreffende Verb regiert, ist dieses das Objekt der Nebenhandlung:

| Кыыһын кытта төлөпүөнүнэн кэпсэтэр дьахтарыҥ кимий? | Wer ist die Frau, **mit deren Tochter du** telefonierst? |

Um auszudrücken, dass man nicht in der Lage ist, etwas zu tun, stellt man das Partizip attributiv vor das Substantiv **кыах** *Fähigkeit, Möglichkeit*:

| Мин эһиэхэ көмөлөһөр кыаҕым суох. | Ich besitze nicht die Fähigkeit, euch zu helfen
= ich kann euch nicht helfen. |

Stellt man das Partizip vor **оннугар** *an seiner Stelle* entsteht ein Satz, der im Deutschen durch *statt zu* eingeleitet wird:

| Дьиэҕэ олорор оннугар, күүлэйдии тахсыбыппыт. | Statt zu Hause zu sitzen, sind wir spazieren gegangen. |

Attributiv vor **кэм** *Zeit* oder einen anderen Zeitbegriff gestellt, entstehen Temporalsätze, die im Deutschen durch *als* eingeleitet werden:

| Мин университекка үөрэнэр кэммэр саха норуотун историятын уонна культуратын кытта билсибитим. | Als ich an der Universität studierte, wurde ich mit der Geschichte und Kultur des jakutischen Volkes bekannt. |

Ohne Possessivsuffix vor ein Substantiv gestellt, dient es der Bildung von feststehenden Begriffen:

олорор дьиэ	Haus, in dem man wohnt; Wohnhaus
аһыыр хос	Zimmer, in dem man isst; Esszimmer
оонньуур сир	Platz, auf dem man spielt; Spielplatz

Das Partizip kann auch als Substantiv auftreten:

Үлэлиир аһыыр, үлэлээбэт аһаабат.	Derjenige, der arbeitet, isst; derjenige, der nicht arbeitet, isst nicht.
Кылбаҥныыр барыта көмүс буолбат.	Es ist nicht alles Gold, was glänzt.
Оҕо өйдүүр курдук туттар.	Das Kind verhält sich wie eines, das versteht = das Kind verhält sich, als ob es verstünde.

Adjektive einschließlich **баар** *vorhanden* und **суох** *nicht vorhanden* werden ohne Zuhilfenahme eines Hilfsverbs als selbständige Nomina eingesetzt:

Учууталбыт суоҕа биһигини дьиксиннэрэр.	Dass unser Lehrer nicht da ist, beunruhigt uns.
Бу киһи үс оҕото баалларын билэбин.	Ich weiß, dass dieser Mensch drei Kinder hat.
Бу киһи оҕото суоҕун билэбин.	Ich weiß, dass dieser Mensch keine Kinder hat.
Суумкам ханна баарын билэҕин дуо?	Weißt du, wo meine Tasche ist?
Эниэхэ көмөлөһөр кыаҕым суоҕуттан хомойобун.	Ich bin bekümmert darüber, dass ich euch nicht helfen kann.

Мин ыҥыыра суох аты мииммэппин.	Ich reite nicht ein Pferd, dessen Sattel nicht vorhanden ist = ich reite kein Pferd, das keinen Sattel hat.
Куһаҕан үчүгэйэ суох буолбат.	Es gibt nichts Schlechtes, dessen Gutes nicht vorhanden ist = es gibt nichts Schlechtes, das nicht (auch) sein Gutes hat.
Дьиэҕэр баар курдук санан.	Fühle dich wie jemand, der bei dir zu Hause ist = fühle dich wie bei dir zu Hause.

4. Das Verbalsubstantiv auf **-бит**

Durch das Verbalsubstantiv auf **-бит**, verneint **-бэтэх**, wird eine Handlung beschrieben, die zur Zeit des Redens bereits vollendet ist. Es kann sämtliche Possessiv- und Deklinationssuffixe erhalten sowie im Zusammenhang mit Postpositionen auftreten:

Кэлбитиҥ үчүгэй.	Es ist gut, dass du gekommen bist.
Мин куоракка көспүтүм биэс сыл буолла.	Es sind jetzt fünf Jahre (geworden), dass ich in die Stadt gezogen bin.
Муораны көрбүтүм баар.	Dass ich das Meer gesehen habe, ist zutreffend = ich habe das Meer (schon einmal) gesehen.
Биһиги эн эппитиҥ курдук гынныбыт.	Wir haben es gemacht, wie du gesagt hast.
Көмөлөспүтүҥ иһин махтал.	Danke (dafür), dass du geholfen hast.

Сыыспыппын көрөбүн.	Ich sehe, dass ich mich geirrt habe.
Киинэҕэ барбыккытын эттим.	Ich habe gesagt, dass ihr ins Kino gegangen seid.
Ийэбит ханна барбытын билэҕин дуо?	Weißt du, wohin unsere Mutter gegangen ist?
Бүгүн тугу гыммыккын кэпсээ.	Erzähle, was du heute gemacht hast.

Эһигини көрсүбүппүттэн олус үөрэбин.	Ich freue mich sehr, dass ich euch getroffen habe.
Уолбутун кытта көрсүбэтэхпиттэн олус хомойобун.	Ich bin sehr bekümmert darüber, dass ich unseren Sohn nicht getroffen habe.
Үөрэнээччи эппиэти билбэтэҕиттэн кыбыһынна.	Der Schüler hat sich geschämt, weil er die Antwort nicht gewusst hat.
Үөрэхпин бүтэрбиппиттэн ыла сыл ааста.	Seit ich mein Studium beendet habe, ist ein Jahr vergangen.

Биһиги хайаттан ыттыбыппыты-нааҕар үс хат түргэнник түспүппүт.	Wir sind dreimal so schnell vom Berg hinuntergestiegen, wie wir hinaufgestiegen waren.

Der (Dativ-)Lokativ dient der Wiedergabe eines Temporalsatzes, der im Deutschen durch *als* eingeleitet wird:

| Дьиэбэр кэлбиппитигэр, аҕабыт хаһыатааҕа олороро. | Als wir nach Hause kamen, las unser Vater gerade Zeitung. |
| Сахалыы бытааннык саҥарбыккар өйдөөбүтүм. | Als du langsam Jakutisch gesprochen hast, habe ich es verstanden. |

Temporalsätze, die im Deutschen durch *nachdem* eingeleitet werden, erhalten das Substantiv **кэлин** *Rückseite*, ergänzt um das Possessivsuffix der 3. Person sowie das Lokativsuffix **-(и)нэ** (vgl. S. 47). Folgen dabei drei Substantive aufeinander, erhält das mittlere Substantiv das (Genitiv-)Suffix **-(т)ин** (vgl. S. 20):

Биэс чаас үлэлээбиппит кэннэ сынньана түспүппүт.	Nachdem wir fünf Stunden gearbeitet hatten, haben wir ein wenig ausgeruht.
Турбутум кэннэ сууннум.	Nachdem ich aufgestanden war, habe ich mich gewaschen.
Поезд барбытын кэннэ кэлиэм.	Ich werde kommen, nachdem der Zug abgefahren ist.

Zusätzliche Zeitangaben werden zwischen das Verbalnomen und **кэннэ** gestellt:

| Поезд барбытын биир чаас кэннэ кэлиэм. | Ich werde eine Stunde, nachdem der Zug abgefahren ist, kommen. |

Zur Wiedergabe des Hilfsverbs *sein* besitzt das Jakutische ein eigenes Verbalsubstantiv **эбит**:

| Эн оннугар мин эбитим буоллар, барыам суоҕа этэ. | Ich würde nicht gehen, wenn ich an deiner Stelle wäre. |

5. Das Partizip auf **-бит**

Als Partizip dient das Verbalnomen auf **-бит** der Entsprechung deutscher Relativsätze, bei denen die Nebenhandlung in der Vergangenheit liegt:

Эйигин кытта төлөпүөнүнэн кэпсэппит дьахтар кимий?	Wer ist die Frau, die mit dir telefoniert hat?
Кыыһы эйигин кытта төлөпүөнүнэн кэпсэппит дьахтар кимий?	Wer ist die Frau, deren Tochter mit dir telefoniert hat?
Төлөпүөнүнэн кэпсэппит дьахтарың кимий?	Wer ist die Frau, mit der du telefoniert hast?
Кыыһын кытта төлөпүөнүнэн кэпсэппит дьахтарың кимий?	Wer ist die Frau, mit deren Tochter du telefoniert hast?

Төрөөбүт күннүнэн итиитик-истиңник эҕэрдэлиибин.	Ich gratuliere (dir) von Herzen (wörtl.: heiß und innig) zu dem Tag, an dem du geboren wurdest/ zu deinem Geburtstag.
Эн суруйбут суруккун аахпытым.	Ich habe den Brief gelesen, den du geschrieben hast.

Das Partizip dient auch als Substantiv:

Мин суруйбуккун аахтым.	Ich habe gelesen, was du geschrieben hast.
Өлбүтүн кытта ким да өлбөт.	Niemand stirbt mit dem Gestorbenen.
Тугу даҕаны аһаабатах курдук көрүнңээххин.	Du siehst aus wie einer, der nichts gegessen hat = du siehst aus, als hättest du nichts gegessen.

6. Das Verbalnomen auf ө-иэх

Das Verbalnomen auf **ө-иэх**, negiert **–имиэх**, ist sowohl als Verbalsubstantiv wie auch als Partizip die futurische Entsprechung des Verbalnomens auf -**эр/ө-иир**. Als Verbalsubstantiv ohne Possessivsuffixe dient es der Wiedergabe unpersönlich gehaltener Aussagen, wobei der Dativ eine ähnliche Rolle spielt wie beim Verbalsubstantiv auf -**эр/ө-иир** (vgl. S. 82):

Көрсүөххэ диэри.	Bis man sich wieder sieht = auf Wiedersehen.
Үтүөнү саныахтааҕар үтүөнү оҥоруохха наада.	Statt Gutes zu denken, ist es notwendig, Gutes zu tun.
Бу үлэни чаас иһиггэр оҥоруохха сөп.	Es ist möglich, diese Arbeit innerhalb einer Stunde zu machen.
Мин үлэни оҥорон бүттүм, онон сынньаныахха да сөп.	Ich bin mit der Arbeit fertig; folglich ist es auch in Ordnung, auszuruhen.
Ити туһунан саҥарымыахха наада.	Es ist erforderlich, dass darüber nicht gesprochen wird = darüber darf nicht gesprochen werden.

Bei häufig verwendeten Redewendungen kann das Prädikat entfallen; auf diese Art wird durch den Dativ eine Aufforderung zum Ausdruck gebracht, die in der Alltagssprache häufiger verwendet wird als der Optativ:

Доҕотторбутугар ыалдьыттыы барыахха ...	Lasst uns zu Besuch zu unseren Freunden gehen.

Beim Gebrauch mit Possessivsuffixen erscheinen die Formen der 3. Person Singular im Dativ, im Akkusativ sowie im Genitiv (vgl. S. 20) in verkürzter Form:

Куоракка олоруохпутугар онно дьиэбит суох.	Um in der Stadt wohnen zu können, fehlt uns dort ein Haus.
Эн кэлиэххэр диэри кэтэһиэм.	Ich werde warten, bis du kommst.
Поезд (барыаҕ(ыг)ар >) барыар диэри чаас аҥара хаалла.	Es ist noch eine halbe Stunde (geblieben), bis der Zug abfährt.

Мин бүгүн куоракка барыахпын баҕарабын.	Ich will heute in die Stadt fahren.
Оҕо (утуйуоҕун >) утуйон баҕарар.	Das Kind will schlafen.
Биири ыйытыахпын сөп дуо?	Ist es in Ordnung, dass ich etwas frage = kann/darf ich etwas fragen?
Уолбут университекка (үөрэниэҕин >) үөрэниэн сөп.	Es ist möglich, dass unser Sohn an der Universität studieren wird.
Ыалдьыттар кэлиэхтэрин сэрэйбитим.	Ich habe geahnt, dass Gäste kommen werden.
Тугу гыныахпын билбэппин.	Ich weiß nicht, was ich machen werde/soll.

Temporalsätze, die im Deutschen durch *bevor* eingeleitet werden, erhalten das Substantiv **илин** *Vorderseite*, ergänzt um das Possessivsuffix der 3. Person sowie das Lokativsuffix **-(и)нэ** (vgl. S. 46). Folgen dabei drei Substantive aufeinander, erhält das mittlere das (Genitiv-)Suffix **-(т)ин** (vgl. S. 20):

Миэхэ урут эбэм утуйом иннинэ остуоруйа кэпсиир этэ.	Früher pflegte mir meine Großmutter Märchen zu erzählen, bevor ich schlief.
Аһыаҥ иннинэ илиигин суун.	Wasche dir die Hände, bevor du isst.
Поезд (барыаҕын >) барыан иннинэ кэлиэм.	Ich werde kommen, bevor der Zug abfährt.

Zusätzliche Zeitangaben werden zwischen das Verbalnomen und **иннинэ** gestellt:

Поезд барыан биир чаас иннинэ кэлиэм.	Ich werde eine Stunde, bevor der Zug abfährt, kommen.

Als Partizip dient das Verbalnomen auf **ø-иэх** der Entsprechung deutscher Relativsätze, bei denen die Nebenhandlung in der Zukunft liegt:

Эйигин кытта төлөпүөнүнэн кэпсэтиэх дьахтар кимий?	Wer ist die Frau, die mit dir telefonieren wird/will?
Кыыһы эйигин кытта төлөпүөнүнэн кэпсэтиэх дьахтар кимий?	Wer ist die Frau, deren Tochter mit dir telefonieren wird/will?
Төлөпүөнүнэн кэпсэтиэх дьахтарын кимий?	Wer ist die Frau, mit der du telefonieren wirst/willst?
Кыыһын кытта төлөпүөнүнэн кэпсэтиэх дьахтарын кимий?	Wer ist die Frau, mit deren Tochter du telefonieren wirst/willst?

Мин утуйа сытыах кэмим суох.	Ich habe nicht die Zeit, mich schlafen zu legen.

7. Das Verbalnomen auf **-тэх**

Dieses Verbalnomen, dessen negierte Form als verneinte Entsprechung des Verbalnomens auf **-бит** auftritt (vgl. S. 87), dient in seiner bejahten Form der Wiedergabe von Temporalsätzen, die im Deutschen durch *als*, *während* oder *wenn* eingeleitet werden, wobei dieses *wenn* auch konditionale Bedeutung haben kann. Bei allgemein gehaltenen Aussagen steht das Verbalnomen im (Dativ-)Lokativ:

Сахалыы бытаанныык саңардахха өйдүүбүн.	Wenn man langsam Jakutisch spricht, verstehe ich es.

Zur Bildung personenbezogener Aussagen folgt auf das jeweilige Possessivsuffix das Lokativsuffix **-(и)нэ** (vgl. S. 15):

Сахалыы бытаанныык саңардаххына өйдүөм.	Wenn du langsam Jakutisch sprichst, werde ich es verstehen.
Кыһын муус халыңаатаҕына массыыналар өрүстэр, күөллэр устун сылдьаллар.	Wenn im Winter das Eis dicker wird, fahren die Autos über die Flüsse und Seen.
Мин улааттахпына учууталынан үлэлиэм.	Wenn ich groß bin, werde ich als Lehrer tätig sein.

Durch Anfügen der entsprechenden Bildungen von **буол-** *werden*, *sein* an das Partizip Präsens ist es möglich, zeitlich zu differenzieren:

Сахалыы бытааннык саҥарар буоллаххына өйдүөм.	Wenn du langsam Jakutisch sprichst, werde ich es verstehen.

Die entsprechenden Formen des Hilfsverbs *sein* werden von dem Verbstamm **эр-** übernommen; **баар** *vorhanden*, **суох** *nicht vorhanden* und **илик** (vgl. S. 54) bedürfen nicht unbedingt einer Ergänzung:

Аҕам учуутал эрдэҕинэ, маннааҕы оскуолаҕа үлэлээбитэ.	Als mein Vater Lehrer war, arbeitete er an der hiesigen Schule.
Кыра оҕо эрдэхпинэ детсадка сылдьыбытым.	Als ich ein kleines Kind war, ging ich in den Kindergarten.

Кымыс баарына кэлиэм.	Wenn es Kumys gibt, werde ich kommen.
Эн суоххуна кэлбитим.	Ich bin gekommen, als du nicht da warst.
Миэхэ эбэм баар эрдэҕинэ утуйом иннинэ остуоруйа кэпсиир этэ.	Als meine Großmutter noch da war, erzählte sie mir vor dem Schlafengehen Märchen.

Losgelöst von ihrer temporalen Bedeutung dient **буоллаҕына** als adversative Satzverbindung im Sinne von *was ... betrifft, hingegen*:

Поезд биир чааһынан барар, оттон эн буоллаҕына барарга өссө да бэлэмэ суоххун.	Der Zug geht in einer Stunde, aber was dich betrifft, bis du noch nicht bereit zur Abreise.

Durch den Ablativ wird der zeitliche Ausgangszeitpunkt angegeben:

Ити киһилэр оҕо эрдэхтэриттэн сахалыы үөрэтэллэр.	Diese Menschen lernen von Kindheit an Jakutisch.

8. Das Verbalnomen илик

Auch die Form **илик** ist ein Verbalnomen (vgl. S. 54):

Мин аһыы иликпин букатын умнан кэбистим.	Ich habe völlig vergessen, dass ich noch nicht gegessen habe.
Доҕотторго ити туһунан тугу да этэ иликпин эрээри, өйдүөхтэрэ дии саныыбын.	Obwohl ich den Freunden davon noch nichts gesagt habe, denke ich, sie werden es verstehen.
Мин сахалыы үчүгэйдик саңара иликпиттэн олус хомойобун.	Ich bin sehr bekümmert darüber, dass ich noch nicht gut Jakutisch spreche.

Wie bei **иннинэ** und **кэннэ** (vgl. S. 88, 91) werden auch im Zusammenhang mit **илик** durch den Lokativ auf **-(и)нэ** Temporalsätze wiedergegeben:

| Күн тахса илигинэ турбутум. | Ich stand auf, als die Sonne noch nicht aufgegangen war/ ich stand auf, ehe die Sonne aufgegangen war. |

Буһа илик отону хомуйумаң.	Sammelt keine Beeren, die noch nicht reif sind.
Мин көрө илик куораттарым элбэх.	Es gibt viele Städte, die ich noch nicht gesehen habe.
Мин көрө илигим элбэх.	Es gibt vieles, das ich noch nicht gesehen habe.

X. Konverbien

Konverbien sind Verbformen, die dadurch entstehen, dass man an den Stamm eines Verbs ein bestimmtes Suffix anfügt und sie dann nicht weiter dekliniert oder konjugiert, so dass der Zeitpunkt sowie das Subjekt der auf diese Art wiedergegebenen Handlung erst aus einem folgenden Verb deutlich werden. Durch Konverbien werden im Wesentlichen Sachverhalte wiedergegeben, die deutschen Adverbialsätzen entsprechen (vgl. die Übersicht über die deutschen Nebensätze und ihre jakutischen Entsprechungen im Anhang, S. 126). Einige der jakutischen Konverbien werden gelegentlich auch prädikativ verwendet, doch soll auf diese Fälle hier nicht eingegangen werden.

1. Das Konverb auf -э/ө-ии

Dieses Konverb wird gebildet, indem man an den Stamm eines Verbs nach Konsonant -э, nach Vokal ө-ии anfügt. Es dient der Wiedergabe von Modalsätzen, die im Deutschen durch *indem*, *wobei* oder *dadurch dass* eingeleitet werden. Meist tritt es in verdoppelter Form auf, wodurch die Nebenhandlung intensiviert wird zu *indem immer wieder*, *wobei immerzu*:

| Учуутал мин диэки көрө-көрө, ийэбин кытта кэпсэтэр этэ. | Der Lehrer sprach mit meiner Mutter, wobei er ständig in meine Richtung schaute. |

nach	Vokal, Diphth.	й, л, р	м, н, ҥ	к, т, с, п, х
э, и	кэпсии	биэрэ	үөрэнэ	тигэ
ү, y		күлэ	төннө	күүтэ
ө	өйдүү	көрө	көнө	көһө
а, ы	аһыы	ыла	гына	саба
у, у		утуйа	умна	кута
о	тохтуу	олоро	тоно	тоҕо

2. Verbalkompositionen mit dem Konverb auf -э/ө-ии

Eine Eigenschaft dieses Konverbs besteht darin, dass es sich mit anderen Verben, die in diesem Zusammenhang zu Hilfsverben werden und dabei teilweise ihre ursprüngliche Bedeutung verlieren, zu Verbalkompositionen verbindet.

Die Verben **олор-** *sitzen*, **сырыт-** *(umher)gehen*, **сыт-** *liegen* und **тур-** *stehen* geben in erster Linie die Körperhaltung wieder, in der die beschriebene Tätigkeit ausgeführt wird:

Аҕам ыалдьыттарбытын кытта кэпсэтэ олорор.	Mein Vater unterhält sich mit unseren Gästen.
Оҕолор таһырдьа оонньуу сылдьаллар.	Die Kinder spielen draußen.
Кыыспыт утуйа сытар.	Unsere Tochter schläft.
Ийэбит ас астыы турар.	Unsere Mutter bereitet Essen zu.

Durch **сырыт-** und **тур-** kann auch zum Ausdruck gebracht werden, dass eine bereits eingetretene Situation andauert bzw. andauern soll:

Мин саха тылын үөрэтэ сылдьарбын билэҕин дуо?	Weißt du, dass ich Jakutisch lerne?
Хаар түһэ турар.	Es schneit.
Кэпсии тур.	Erzähle weiter.

Mit Hilfe von Verben der Bewegung wie **бар-** *gehen*, **кэл-** *kommen*, **киир-** *hineingehen, vorhaben*, **таҕыс-** *hinausgehen* wird eine Ziel- oder Zweckrichtung wiedergegeben:

Күүлэйдии барыахха.	Lasst uns spazieren gehen.
Мин манна саха тылын үөрэтэ кэллим.	Ich bin gekommen, um die jakutische Sprache zu erlernen.
Биһиги сарсын балыктыы киирэбит.	Wir haben vor, morgen fischen zu gehen.
Эһэбит бултуу тахсыбыт.	Unser Großvater ist zum Jagen (hinaus)gegangen.

Das Verb **сатаа-** bedeutet in diesem Zusammenhang *sich (bisher ohne Erfolg) bemühen*:

| Мин барытын өйдүү сатыыбын. | Ich bemühe mich, alles zu verstehen. |

Durch das Verb **оҕус-** *schlagen* wird deutlich gemacht, dass die jeweilige Handlung sich rasch vollzieht oder vollziehen soll:

| Үлэбитин бүтэрэ охсуоҕуң. | Lasst uns rasch unsere Arbeit beenden. |

Auch das Verb **сыс-** hat die Bedeutung *schlagen*. Mit seiner Hilfe wird zum Ausdruck gebracht, dass eine Situation beinahe eingetreten wäre:

| Мин күлэн өлө сыспытым. | Ich wäre vor Lachen fast gestorben. |

Das Verb **түс-** *fallen* verdeutlicht, dass die beschriebene Handlung plötzlich eingesetzt hat, oder auch, dass sie nur kurzfristig angedauert hat:

| Кыргыттар күлэ түспүттэрэ. | Die Mädchen sind in Gelächter ausgebrochen. |
| Кэпсии түс. | Erzähle ein wenig. |

3. Das Konverb auf -(э)н

Dieses Konverb wird eingesetzt, um bei aufeinanderfolgenden Handlungen, die im Deutschen durch *und* verbunden werden, die Wiederholung gleicher Suffixe zu vermeiden, wobei auch ein Subjektwechsel möglich ist:

| Сайын ааһан күһүн кэлбитэ. | Der Sommer ist vorbeigegangen, und der Herbst ist gekommen. |

nach	Vokal, Diphth.	й, л, р	м, н, ҥ	к, т, с, п, х
э, и	кэпсээн	биэрэн	үөрэнэн	тигэн
ү, у		күлэн	төннөн	күүтэн
ө	өйдөөн	көрөн	көнөн	көһөн
а, ы	аһаан	ылан	гынан	сабан
у, у		утуйан	умнан	кутан
о	тохтоон	олорон	тоҥон	тоҕон

| Мин туран суунан таҥныбытым. | Ich stand auf, wusch mich und zog mich an. |

Ist das Prädikat des Satzes verneint, bewirkt dies auch eine Verneinung der durch das Konverb wiedergegebenen vorausgehenden Handlungen:

| Мин туран суунан таҥныбатаҕым. | Ich stand nicht auf und habe mich auch nicht gewaschen und angezogen. |

Bisweilen lässt der Kontext auch die Wiedergabe als Temporal- oder Kausalsatz zu:

| Мин алта чааска үлэлээн бүтэн кэлиэм. | Ich werde um sechs Uhr mit der Arbeit fertig sein und kommen = ich werde um sechs Uhr, wenn ich mit der Arbeit fertig bin, kommen. |
| Мин утуйан хаалан поеһы куоттарбытым. | Ich habe verschlafen und den Zug verpasst = ich habe den Zug verpasst, weil ich verschlafen habe. |

Stellt man hinter die Konverbform zusätzlich die Konverbform **баран**, entsteht ein Temopalsatz, der im Deutschen durch *nachdem* eingeleitet wird:

| Бары дьиэҕэ кэлэн баран эбиэттээбиппит. | Nachdem alle nach Hause gekommen waren, haben wir zu Mittag gegessen. |

Durch die Verbindungen **гынан баран** und **буолан баран** werden Konzessivsätze zum Ausdruck gebracht:

| Саха тыла олус интэриэһинэй, ол гынан баран үөрэтэргэ ыарахан. | Die jakutische Sprache ist sehr interessant, dennoch ist es schwer, sie zu erlernen. |
| Уолбут, үгүстүк ыалдьара буолан баран, үчүгэйдик үөрэнэрэ. | Unser Sohn hat gut studiert, obwohl er oft krank war. |

Zudem kann dieses Konverb ebenso wie dasjenige auf **-э/ѳ-ии** eine dem Prädikat untergeordnete Nebenhandlung wiedergeben:

Мин олонхону таптаан истэбин.	Ich höre (liebend) gerne Märchen.
Көрдөөн-көрдөөн дьиэҕитин буллубут.	Indem wir gesucht und gesucht haben, haben wir euer Haus gefunden.
Мин күлэн өлө сыспытым.	Ich habe gelacht und bin fast gestorben = ich wäre vor Lachen fast gestorben.

4. Verbalkompositionen mit dem Konverb auf -(э)н

Das Jakutische besitzt eine Fülle an Verbalkompositionen mit dem Konverb auf **-(э)н**, bei denen die Bedeutung des als Hilfsverb fungierenden zweiten Verbs in den meisten Fällen noch spürbar ist. Das Deutsche verwendet in einem solchen Fall Präfixe wie *ab-, an-, auf-, herbei-, vorbei-, weg-* etc.:

көтөн кэл-	fliegen und kommen	> herbeifliegen
көтөн бар-	fliegen und fortgehen	> davonfliegen
көтөн киир-	fliegen und hereinkommen	> hereinfliegen
көтөн таҥыс-	fliegen und hinausgehen	> hinausfliegen

Көтөр түннүгүнэн көтөн киирбит.	Der Vogel ist zum Fenster hereingeflogen.

Neben seiner räumlichen Bedeutung (s.o.) wird **бар-** *(fort)gehen* auch verwendet, um den Beginn einer Tätigkeit auszudrücken:

Мин университекка үөрэнэн барбытым.	Ich habe angefangen, an der Universität zu studieren.
Самыыр түһэн барда.	Es hat angefangen zu regnen.

Durch die Verben **ыл-** *nehmen* und **биэр-** *geben* wird verdeutlicht, dass die wiedergegebene Handlung zugunsten einer Person erfolgt:

Мин аадырыспын суруйан ыл.	Schreibe (dir) meine Adresse auf.
Эн аадырыскын суруйан биэр.	Schreibe (mir) deine Adresse auf.

Durch das Verb **бүт-** *enden* wird deutlich gemacht, dass man am Ende einer Tätigkeit angekommen ist, wohingegen das Verb **бүтэр-** *beenden* den gesamten Handlungsablauf bis hin zu seinem Ende beschreibt:

Кинигэни ааҕан бүттүм.	Ich habe das Buch fertig gelesen.
Мин билигин да бу кинигэни ааҕан бүтэриэм.	Ich werde dieses Buch jetzt gleich zu Ende lesen.

Das Verb **ис-** *gehen* bezeichnet das Andauern einer bereits begonnenen Handlung, die häufig mit körperlicher Bewegung verbunden ist:

Эн хайа диэки баран иһэҕин?	In welche Richtung bist du unterwegs?
Мин библиотекаҕа баран иһэбин.	Ich bin auf dem Weg zur Bibliothek.

Кэбис-, bisweilen verkürzt zu **кээс-** *werfen*, zeigt an, dass die Handlung plötzlich oder auch gründlich durchgeführt wurde:

Маһы кэрдэн кэбиспиттэр.	Sie haben den Baum gefällt.
Мин суумкабын сүтэрэн кэбиспиппин.	Ich habe wohl meine Tasche verloren.

Das Verb **кэл-** *kommen* drückt nicht nur eine räumliche Bewegung zum Standort des Sprechers hin aus (vgl. S. 99). Es kann auch verdeutlichen, dass eine Tätigkeit sich bis zum gegenwärtigen Zeitpunkt erstreckt:

Баһаартан помидор, хортуоска, моркуоп атыылаһан кэллибит.	Wir haben auf dem Markt Tomaten, Kartoffeln und Möhren gekauft (und sind schon wieder da).
Саха сиригэр тугу билэн-көрөн кэллиң?	Was hast du in Jakutien erfahren und gesehen und bist gekommen = was hast du in Jakutien erlebt?

Verbunden mit **көр-** *schauen, sehen* entsteht die Bedeutung *versuchen, probieren*:

Тугу эппиппин өйдөөн көр.	Versuche zu verstehen, was ich gesagt habe.
Яблоканы амсайан көрдүң дуо?	Hast du die Äpfel probiert?

Um auszudrücken, dass man in einer konkreten Situation nicht in der Lage ist, etwas zu tun, stellt man das verneinte Verb hinter die Konverbform **кыайан** des Verbs **кыай-** *fähig sein, gewinnen*:

Биһиги бүгүн кыайан кэлиэхпит суоҕа.	Wir werden heute nicht kommen können.

Im Zusammenhang mit dem Konverb auf -(э)н macht **олор-** *sitzen* deutlich, dass die Handlung in Ruhe und ungestört über einen längeren Zeitraum ausgeübt wird:

Биһиги бурдук үүннэрэн уонна сүөһү үөскэтэн олоробут.	Wir beschäftigen uns mit dem Anbau von Getreide und der Aufzucht von Vieh.

Um wiederzugeben, dass man eine Fähigkeit besitzt oder nicht besitzt, stellt man die Konverbform **сатаан** des Verbs **сатаа-** *verstehen, vermögen* vor das entsprechende bejahte oder verneinte Verb:

Сатаан харбыыгын дуо?	Kannst du schwimmen?
Мин итини сатаан санаабаппын.	Ich kann mir das nicht vorstellen.

In Verbindung mit dem Konverb auf -(э)н wird durch das Verb **тур-** (*auf*)*stehen* zweierlei zum Ausdruck gebracht: Auf der einen Seite wird eine plötzlich einsetzende Handlung wiedergegeben:

Оҕолор айдааран турдулар.	Die Kinder haben plötzlich angefangen, Lärm zu machen.

Andererseits wird eine Situation wiedergegeben, die bereits eingetreten ist und zum gegenwärtigen Zeitpunkt. Das Verb **тур-** bleibt dabei im Präsens-Futur; die deutsche Übersetzung hingegen erfolgt im Perfekt:

Саха тылын туһунан биир кинигэни суруйан турабын.	Ich befinde mich in der Situation, ein Buch über die jakutischen Sprache geschrieben zu haben = ich habe ein Buch über die jakutische Sprache geschrieben.

Das Verb **хаал-** *bleiben* gibt das Einsetzen einer Handlung und zugleich das Andauern des eingetretenen Zustandes wieder. Die Verneinung des Hauptverbs erfolgt durch die Konverbform auf -бэккэ (vgl. S. 104):

Мотуор туран хаалла.	Der Motor ist stehen geblieben.
Мин утуйан хаалбыппын.	Ich bin wohl eingeschlafen.
Кинигэм ханна баран хаалла?	Wo ist mein Buch abgeblieben?
Мин тугу да өйдөөбөккө хааллым.	Ich habe (absolut) nichts verstanden.

Ähnlich dem Hilfsverb **ис-** *gehen* (vgl. S. 100) wird auch durch **эр-** *sein* eine Handlung bezeichnet, die gerade begonnen hat und noch andauert oder andauern soll:

Эн ити ханнык кинигэни аађан эрэђин?	Was für ein Buch liest du gerade?
Биһиги аһаан эрэбит.	Wir sind gerade beim Essen.
Таһырдьа хаар түһэн эрэр.	Es schneit draußen.
Күн тахсан эрэр.	Die Sonne geht (gerade) auf.

5. Die Formen дии und диэн

Eine besondere Funktion erfüllen die Konverbformen **дии** und **диэн** des Verbs **диэ-** *sagen*. Hierbei sind zwei grundlegende Dinge vorauszuschicken: Zum einen bevorzugt das Jakutische die Wiedergabe direkter Reden, zum anderen hat auf eine solche direkte Rede immer eine Form des Verbs **диэ-** *sagen* zu folgen:

Дођотторбут сыбаайбађытыгар кэлиэхпит диэбиттэрэ.	Unsere Freunde haben gesagt: „Wir werden zu eurer Hochzeit kommen" = unsere Freunde haben gesagt, dss sie zu unserer Hochzeit kommen werden.
Ким эмэ кэллэђинэ, миигин үлэтигэр барбыта диэ.	Wenn jemand kommt, sage (über mich): "Er ist zur Arbeit gegangen" = wenn jemand kommt, sage, dass ich zur Arbeit gegangen bin.

Soll auf das Zitat ein anderes Verb als **диэ-** folgen, werden als Verbindungen die Formen **дии** oder **диэн** eingeschoben. Zitatzeichen oder Gedankenstriche werden nicht immer gesetzt. Die Formen **дии** oder **диэн** sind der einzige Hinweis darauf, dass an dieser Stelle ein Zitat endet; der Beginn des Zitats muss aus dem Kontext erschlossen werden:

Ваня туох диэн кэпсээтэ?	Was hat Wanja erzählt?
Кини саҥа үөрэнэн бүттүм диэн кэпсээтэ.	Er hat erzählt: „Ich habe gerade zu Ende studiert" = er hat erzählt, dass er gerade mit dem Studium fertig ist.
Мин – ханна төрөөбүтүҥ диэн ыйыппыппар – Дьокуускайга төрөөбүтүм диэн эппиэттээтэ.	Als ich fragte, wo er geboren ist, hat er geantwortet, dass er in Jakutsk geboren ist.

Ыалдьыппыт сотору кэлэр диэн истибитим.	Ich habe gehört, dass unser Gast bald kommen wird.
Биир күн өссө биирдэ көрсүөхпүт диэн эрэнэбин.	Ich hoffe, dass wir uns eines Tages noch einmal sehen werden.
Мин бүгүн эһиэхэ кыайан кэлиэм суоҕа диэн куттанабын.	Ich fürchte, dass ich heute nicht werde zu euch kommen können.

Die Form **дии** tritt im Zusammenhang mit dem Verb **санаа-** *denken* auf:

Эн туох дии саныыгын?	Was denkst du?
Сарсын баһаарга барыам дии саныыбын.	Ich denke, ich werde morgen zum Markt gehen.

Enthält das Zitat die Begründung für die anschließende Handlung, kann es sich um einen Kausalsatz handeln:

Кыыһым ыарыйда диэн бүгүн үлэҕэ барыам суоҕа.	Ich werde heute nicht zur Arbeit gehen, weil meine Tochter erkrankt ist.

Ist im Zitat eine Aufforderung enthalten, handelt es sich um einen Finalsatz:

Оҕолор тымныйбатыннар диэн ичигэстик таҥынныннар.	Die Kinder sollen sich warm anziehen, damit sie sich nicht erkälten.

Schließlich tritt **диэн** als erstarrte Form eines Partizip Perfekt mit passiver Bedeutung auf:

Лена диэн өрүс биһиги саамай улахан өрүспүт буолар.	Unser größter Fluss ist der Lena genannte Fluss.

6. Die Konverbien auf -(и)м(и)нэ und -бэккэ

Diese beiden Konverbien sind die negativen Entsprechungen der Konverbien auf **-э/ө-ии** und **-(э)н**. Durch sie wird zum Ausdruck gebracht, dass eine vorhergehende oder eine Begleithandlung unterblieben ist oder unterbleibt. Die deutsche Übersetzung erfolgt meist durch *ohne zu*, doch können auch Kausal- oder Temporalsätze entstehen:

Тутуллумуна аттан.	Mache dich auf den Weg, ohne dich aufzuhalten.
Мин көмөлөһүмнэ киэр диэм баара дуо?	Hätte ich „hinaus" sagen können, ohne zu helfen?
Тугу да гыммакка олоруман.	Sitzt nicht (herum), ohne etwas zu tun.
Үс километры тохтообокко сүүрдүм.	Ich bin drei Kilometer gelaufen, ohne anzuhalten.
Атах таңаһын устубакка, хоско кииримэ.	Gehe nicht ins Zimmer, ohne die Schuhe auszuziehen.

nach	Vokal, Diphth.	й, л, р	м, н, ң	к, т, с, п, х
э, и	кэпсээминэ/ кэпсээбэккэ	биэриминэ/ биэрбэккэ	үөрэниминэ/ үөрэммэккэ	тигиминэ/ тикпэккэ
ү, у		күлүмүнэ/ күлбэккэ	төннүмүнэ/ төннүбэккэ	күүтүмүнэ/ күүппэккэ
ө	өйдөөмүнэ/ өйдөөбөккө	көрүмүнэ/ көрбөккө	көнүмүнэ/ көммөккө	көһүмүнэ/ көспөккө
а, ы	аһааамына/ аһаабакка	ылымына/ ылбакка	гынымына/ гыммакка	сабымына/ саппакка
у, у		утуйумуна/ утуйбакка	умнумуна/ умнубакка	кутумуна/ куппакка
о	тохтоомуна/ тохтообокко	олорумуна/ олорбокко	тоңумуна/ тоңмокко	тоҕумуна/ тохпокко

Будильник тыаһаабакка, мин үлэбэр хойутаатым.	Der Wecker hat nicht geläutet, und ich bin zu spät zur Arbeit gekommen = ich bin zu spät zur Arbeit gekommen, weil der Wecker nicht geläutet hat.
Учуутал кэлбэккэ, уруок буолбата.	Der Lehrer ist nicht gekommen, und der Unterricht hat nicht stattgefunden = als/weil der Lehrer nicht gekommen ist, hat der Unterricht nicht stattgefunden.

7. Das Konverb auf ө-ээри

Mit Hilfe dieses Konverbs werden Finalsätze gebildet, die im Deutschen durch den Infinitiv mit *zu* eingeleitet werden:

Мин манна саха тылын үөрэтээри кэллим.	Ich bin hierher gekommen, um die jakutische Sprache zu erlernen.
Мин кинигэ уларыһаары библиотекаҕа барабын.	Ich gehe in die Bibliothek, um Bücher auszuleihen.

nach	Vokal, Diphth.	й, л, р	м, н, ҥ	к, т, с, п, х
э, и	кэпсээри кэпсээмээри	биэрээри биэримээри	үөрэнээри үөрэнимээри	тигээри тигимээри
ү, ү		күлээри күлүмээри	төннөөрү төннүмээри	күүтээри күүтүмээри
ө	өйдөөрү өйдөөмөөрү	көрөөрү көрүмээри	көнөөрү көнүмээри	көһөөрү көһүмээри
а, ы	аһаары аһаамаары	ылаары ылымаары	гынаары гынымаары	сабаары сабымаары
у, у		утуйаары утуйумаары	умнаары умнумаары	кутаары кутумаары
о	тохтоору тохтоомоору	олороору олорумаары	тоҥоору тоҥумаары	тобоору тобумаары

8. Verbalkompositionen mit dem Konverb auf ө-ээри

Das Konverb auf ө-ээри bildet Verbalkompositionen mit den Verben **гын-** *tun, machen*, **олор-** *sich setzen, sitzen*, **тур-** *aufstehen, stehen* und **сырыт-** *gehen*, die alle beinhalten, dass man im Begiff ist, die Absicht hat oder sich darauf vorbereitet, etwas zu tun:

Мин утуйа сытаары гынабын.	Ich bin im Begriff, mich schlafen zu legen.
Сарсын куоракка бараары олоробун.	Ich beabsichtige, morgen in die Stadt zu fahren.
Ардах түһээри турар.	Es ist im Begriff, zu regnen = es wird gleich regnen.
Кыыспыт университекка кирээри сылдьар.	Unsere Tochter bereitet sich darauf vor, auf die Universität zu gehen.

9. Das Konverb auf ө-ээт

Durch das Konverb auf ө-ээт werden Temporalsätze wiedergegeben, die im Deutschen mit *sobald, kaum dass* beginnen:

Мин үлэлээн бүтээт кэлиэм.	Ich werde kommen, sobald ich mit der Arbeit fertig bin.
Коля кыыһы көрөөт сөбүлээтэ.	Als Kolja das Mädchen erblickte, verliebte er sich in sie.
Хонор сири булаат тохтообуппут.	Sobald wir einen Platz zum Übernachten gefunden hatten, hielten wir an.

nach	Vokal, Diphth.	й, л, р	м, н, ҥ	к, т, с, п, х
э, и	кэпсээт	биэрээт	үөрэнээт	тигээт
ү, у		күлээт	төннөөт	күүтээт
ө	өйдөөт	көрөөт	көнөөт	көһөөт
а, ы	аһаат	ылаат	гынаат	сабаат
у, у		утуйаат	умнаат	кутаат
о	тохтоот	олороот	тоҥоот	тоҕоот

10. Das Konverb auf -битинэн

Verbunden mit dem Verb **бар-** *gehen* bringt der Instrumental des Verbalnomens auf **-бит** (vgl. S. 87) den sofortigen Beginn einer Handlung zum Ausdruck. Auf diese Art erhält ein vorausgehendes Konverb auf **ө-ээт** die Bedeutung *kaum dass*:

| Оҕолор таһырдьа тахсаат, оонньообутунан бардылар. | Kaum waren die Kinder nach draußen gegangen, fingen sie (sofort) an zu spielen. |

nach	Vokal, Diphth.	й, л, р	м, н, ҥ	к, т, с, п, х
э, и	кэпсээбитинэн	биэрбитинэн	үөрэммитинэн	тикпитинэн
ү, ү		күлбүтүнэн	төннүбүтүнэн	күүппүтүнэн
ө	өйдөөбүтүнэн	көрбүтүнэн	көммүтүнэн	көспүтүнэн
а, ы	аһаабытынан	ылбытынан	гыммытынан	саппытынан
у, у		утуйбутунан	умнубутунан	куппутунан
о	тохтообутунан	олорбутунан	тонмутунан	тохпутунан

11. Das Konverb auf -биччэ

Das Konverb auf **-биччэ** dient der Wiedergabe von Kausalsätzen:

| Бөрөттөн куттаммыкча ойуурга киирбэтэхпит. | Wir sind nicht in den Wald gegangen, weil wir uns vor Wölfen fürchten. |
| Итини кыыһырбыкча эттим. | Ich habe das gesagt, weil ich mich geärgert habe. |

nach	Vokal, Diphth.	й, л, р	м, н, ҥ	к, т, с, п, х
э, и	кэпсээбиччэ	биэрбиччэ	үөрэммиччэ	тикпиччэ
ү, ү		күлбүччэ	төннүбүччэ	күүппүччэ
ө	өйдөөбүччэ	көрбүччэ	көммүччэ	көспүччэ
а, ы	аһаабычча	ылбычча	гыммычча	саппычча
у, у		утуйбучча	умнубучча	куппучча
о	тохтообучча	олорбучча	тонмучча	тохпучча

XI. Konjunktionen

Entsprechungen deutscher Konjunktionen sind:

уонна *und*:

| Аҕам уонна ийэм Намҥа олороллор. | Mein Vater und meine Mutter leben in Nam. |

Um eine stärkere Gemeinsamkeit auszudrücken, wird bei Auflistung zweier Personen anstelle von **уонна** entweder das Zahlwort **икки** *zwei* nachgestellt oder der Komitativ (vgl. S. 19) mit dem Prädikat im Plural verwendet:

| Аҕам ийэм икки Намҥа олороллор. | Mein Vater und meine Mutter leben in Nam. |
| Мария оҕолордуун ханна эрэ барбыттар. | Maria und die Kinder sind irgendwohin gegangen. |

да (kontrastiv) *und*, *auch*, *aber*:

| Билигин да Дьокуускайга мас дьиэ элбэх. | Auch jetzt gibt es in Jakutsk viele Holzhäuser. |
| Халлааҥҥа биир да былыт суох. | Am Himmel ist auch nicht eine Wolke. |

оттон *und* (kontrastiv) *aber*, *jedoch*:

| Мин сэттэ чааска турабын; оттон эн? | Ich stehe um sieben Uhr auf; und du? |
| Улахан кыыспыт иккис кылааска үөрэнэр, оттон кыра уолбут оскуолаҕа киирэ илик. | Unsere große Tochter geht in die zweite Klasse, aber/und unser kleiner Sohn geht noch nicht zur Schule. |

даҕаны *auch*:

| Биһиэхэ арыт сайын даҕаны хаар түһэр. | Bei uns fällt manchmal auch im Sommer Schnee. |

да ... да; **даҕаны ... даҕаны** *sowohl ... als auch; weder ... noch*:

Бу оскуолаҕа кыыс да, уол да үөрэнэр.	An dieser Schule lernen sowohl Mädchen als auch Jungen.
Биһиги сахалыы даҕаны, нууччалыы даҕаны билэбит.	Wir können sowohl Jakutisch als auch Russisch.
Ити дьахтар сахалыы даҕаны, нууччалыы даҕаны билбэт.	Diese Frau kann weder Jakutisch noch Russisch.

эбэтэр *oder, andernfalls, sonst*:

| Биһиги бүгүн эбэтэр сарсын кэлиэхпит. | Wir werden heute oder morgen kommen. |
| Эн бар, эбэтэр мин бэйэм барыам. | Gehe du; andernfalls werde ich selbst gehen. |

эбэтэр ... эбэтэр, баҕар ... баҕар *entweder ... oder*:

| Ити оҕонньор күн аайы эбэтэр илимнэрин көрөр, эбэтэр балыктыы барар. | Dieser alte Mann schaut täglich entweder nach seinen (Fang)netzen, oder er geht zum Fischen. |
| Баҕар бүгүн, баҕар сарсын куораттан төннүөм. | Ich werde entweder heute oder morgen aus der Stadt zurückkommen. |

(ол) эрээри *obwohl, dennoch, trotzdem*:

| Кыыспыт өссө да кыра эрээри, биһиги этэрбитин барытын өйдүүр. | Obwohl unsere Tochter noch klein ist, versteht sie alles, was wir sagen. |

XII. Partikeln

Häufig verwendete Partikeln sind:

эмиэ *auch, ebenfalls*:

| Эн бардаргын, мин эмиэ барыам. | Wenn du gehst, werde ich auch gehen. |
| Мин аҕам учуутал, убайым эмиэ учуутал. | Mein Vater ist Lehrer, (und) mein älterer Bruder ist auch Lehrer. |

да *zwar*:

Ыалдьыттыыр үчүгэй да, бэйэ дьиэтэ ордук.	Zwar ist es gut, zu Besuch zu sein, aber das eigene Zuhause ist besser.
Ити ыт үрэр да, ытырбат.	Dieser Hund bellt zwar, aber er beißt nicht.
Эһэм кырдаҕас да үлэлиир.	Mein Großvater ist zwar alt, aber er arbeitet.

хайыы-үйэ(ҕэ) *schon*:

| Хайыы-үйэ түүн этэ да, биһигиттэн ким да утуйа илигэ. | Es war zwar schon Nacht, aber von uns schlief noch keiner. |
| Көтөрдөр хайыы-үйэ бардылар. | Die Vögel sind schon fort. |

өссө *noch*:

| Агаша, өссө килиэптэ быс. | Agasha, schneide noch von dem Brot auf. |
| Тымныы өссө күүһүрбүт. | Die Kälte ist nicht stärker geworden. |

эрэ *nur*:

Үгүс саха киһитэ хоту дойду туундаратын учебниктан эрэ билэллэр.	Die Mehrheit der Jakuten kennen die nördliche Tundra nur aus dem Lehrbuch.
Миэхэ икки эрэ киилэ наада.	Ich brauche nur zwei Kilo.

Эрэ dient auch dazu, Aufforderungen abzuschwächen:

Миэхэ кыратык уута кут эрэ.	Gieße mir doch mal ein wenig Wasser ein.
Ити ыт тугу үрэр?	Weshalb bellt dieser Hund?
Бар, көр эрэ.	Geh mal und sieh nach.

Im Zusammenhang mit Fragepronomina schließlich dient эрэ ebenso wie die Partikel эмэ der Bildung von Indefinitpronomina (vgl. S. 27, 33).

Die Formen der Imperative der 2. Personen sowohl des Präsens als auch des Futur können im Singular durch die Verstärkungspartikel **-ий**, die an konsonantisch auslautende Stämme tritt, verstärkt werden; die 2. Personen Plural erhalten eine verlängerte Form **-(и)ңит**, bevor **-ий** anschließt:

кэлий, кэлээрий	so komme doch
кэлиңитий, кэлээриңитий	so kommt doch

Trotz Fragepronomens erhält das Prädikat eines Satzes im Jakutischen meist noch eine zusätzliche Fragepartikel **-(и)й** (vgl. S. 34):

Бу кимий?	Wer ist das (denn)?
Сергей ханна үөрэнэрий?	Wo studiert Sergej (denn)?

Einfache Fragen ohne Fragepronomina erhalten die Partikel **дуо**, Alternativfragen die Partikel **дуу**: (vgl. S. 35):

Бу сылабаар саңа дуо?	Ist dieser Samowar neu?
Бу сылабаар саңа дуу, эргэ дуу?	Ist dieser Samowar neu oder alt?

Die Partikel **дуу** tritt auch in Aussagesätzen auf und hat dann die Bedeutung *wohl, möglicherweise, vermutlich, wir es scheint*:

Өрөбүл күн дуу, ханнык быраабынньык эбитэ дуу.	Es war vermutlich Ausgehtag oder irgend ein Feiertag.
Аҕам куоракка үлэлээн саҕалаабытыгар мин түөрттээх дуу биэстээх дуу баарым.	Als mein Vater anfing in der Stadt zu arbeiten, war ich vier oder fünf Jahre alt.
Хайа, эн эмиэ манна эбиккин дуу!	Wie, du bist auch da (wie mir scheint)!

Die Partikel **үһү** hat die Bedeutung *wie man sagt, wie es heißt*. Durch sie macht der Sprecher deutlich, dass ihm der berichtete Sachverhalt nur vom Hörensagen bekannt ist:

Былыр манна биир эмээхсин олорбута үһү.	Wie man sagt, lebte hier vor langer Zeit eine alte Frau.
Киэһээҥҥэ диэри үлэбитин бүтэриэхтээхпит үһү.	Wie es heißt, müssen wir unsere Arbeit bis zum Abend beenden.

Im Zusammenhang mit den 2. Personen des Futur dient **үһү** der Abmilderung einer Aufforderung:

Кымыста иһиэҥ үһү.	Du wirst doch wohl von dem Kumys trinken.

XIII. Wortbildung

Das Jakutische besitzt eine große Anzahl von Suffixen zur Bildung von Substantiven, Adjektiven, Adverbien und Verbstämmen auf der Basis bereits existierender Substantive, Adjektive, Adverbien und Verbstämme. Dabei kann es auch zu Suffixhäufungen kommen. Alle Wortbildungselemente aufzuführen, würde den Rahmen des vorliegenden Buches sprengen. Es soll daher nur eine repräsentative Auswahl vorgestellt werden.

1. Substantive auf -һит

Das Suffix **-һит** wird an Substantive angefügt; das so entstehende Wort bezeichnet eine Person, die sich berufs- oder gewohnheitsmäßig mit dem durch das Substantiv bezeichneten Begriff beschäftigt. Sein Anfangskonsonant unterliegt besonderen lautlichen Regeln:

nach	Vokal	й, л, р	м, н, ҥ	п, с, т	к, х
һ wird zu	һ	дь	нь	ч	с

үлэ	Arbeit	үлэһит	Arbeiter
ырыа	Lied	ырыаһыт	Sänger
ыал	Nachbar	ыалдьыт	Gast
суол	Weg	суолдьут	Fährtensucher
хоһоон	Gedicht	хоһоонньут	Dichter
айан	Reise	айанньыт	Reisender
тылбаас	Übersetzung	тылбаасчыт	Übersetzer
балык	Fisch	балыксыт	Fischer

Substantive auf **-һит** können auch attributiv verwendet werden:

Уолбут үлэһит киһи.	Unser Sohn ist ein arbeitsamer Mensch.

2. Substantive auf ɵ-ии

Durch dieses Suffix entstehen auf der Basis von Verbstämmen Substantive, die eine abstrakte Handlung bezeichnen:

кэл-	kommen	кэлии	Ankunft
бар-	gehen	барыы	Abfahrt
кэпсэт-	sprechen	кэпсэтии	Gespräch
бүт-	enden	бүтүү	Ende
күл-	lachen	күлүү	Gelächter
үɵр-	sich freuen	үɵрүү	Freude
ыҥыр-	rufen, einladen	ыҥырыы	Einladung
оонньоо-	spielen	оонньуу	Spiel

3. Partizipien auf ɵ-ээччи

Das Partizip auf ɵ-ээччи bezeichnet eine Person, die regelmäßig oder in einer vorgegebenen Situation eine bestimmte Funktion ausübt. Es kann sowohl als Adjektiv wie auch als Substantiv verwendet werden. Viele dieser Partizipien sind zu Berufsbezeichnungen geworden:

үɵрэн-	lernen	үɵрэнээччи	Schüler
иһит-	(zu)hören	истээччи	Zuhörer
кɵр-	sehen, schauen	кɵрɵɵччү	Zuschauer
аах-	lesen	ааҕааччы	Leser
суруй-	schreiben	суруйааччы	Schriftsteller
оонньоо-	spielen	оонньооччу	Spieler
атыылаа-	verkaufen	атыылааччы	Verkäufer
эрдэ тур-	früh aufstehen	эрдэ тураачча	Frühaufsteher

Мас кэрдээччи дьон эбиэккэ бардылар.	Die Leute, die Holz fällen, sind zum Mittagessen gegangen.
Мас кэрдээччилэр эбиэккэ бардылар.	Die Holzfäller sind zum Mittagessen gegangen.
Мин мас кэрдээччибин.	Ich fälle regelmäßig Holz/ ich bin Holzfäller.

4. Adjektive auf -лээх

Mit Hilfe des Suffixes -лээх werden aus Substantiven zunächst die dazugehörigen Adjektive gebildet, die im Deutschen mehrheitlich auf *-lich* oder *-ig* enden:

күүс	Kraft	күүстээх	kräftig, stark
үөрүү	Freude	үөрүүлээх	erfreut
өй	Verstand	өйдөөх	klug
уу	Schlaf	ууллах	schläfrig
былыт	Wolke	былыттаах	bewölkt
дьол	Glück	дьоллох	glücklich

үс этээстээх дьиэ	ein dreistöckiges Haus
икки киһилээх хос	ein Zimmer für zwei Personen
күөх харахтаах киһи	ein blauäugiger Mensch
икки туомнаах кинигэ	ein zweibändiges Buch
хара баттахтаах кыыс	ein schwarzhaariges Mädchen
сэттэ чаастаах үлэ күнэ	ein siebenstündiger Arbeitstag
икки нэдиэлэлээх каникул	zweiwöchige Ferien

Das Suffix wird darüber hinaus nicht nur zur Angabe des Lebensalters (vgl. S. 42) sowie zur Bildung einiger finiter Verbformen (vgl. S. 67, 68, 72) verwendet; es dient auch der Wiedergabe von *haben* sowie der Bezeichnung der Zugehörigkeit zur Familie oder zum Freundeskreis einer Person:

Эһиги хас оҕолооххут?	Wie viele Kinder habt ihr?
Биһиги икки оҕолоохпут.	Wir haben zwei Kinder.

Петровтаах куоракка көспүттэр.	Die Petrows sind in die Stadt übergesiedelt.
Ванялаах оскуолаттан кэлэ иликтэр.	Wanja und seine Freunde sind noch nicht aus der Schule gekommen.

5. Negation von Adjektiven

Adjektive, die im Deutschen durch *-los* oder die Vorsilbe *un-* zum Ausdruck gebracht werden, werden im Jakutischen gebildet, indem man an Substantive und substantivisch verwendete Adjektive (vgl. S. 24) das Possessivsuffix der 3. Person anfügt und **суох** *(es ist) nicht vorhanden* folgen lässt:

күүс	Kraft	күүһэ суох	kraftlos
үөрүү	Freude	үөрүүтэ суох	freudlos
өй	Verstand	өйө суох	unvernünftig
уу	Schlaf	уута суох	schlaflos
былыт	Wolke	былыта суох	wolkenlos
дьол	Glück	дьоло суох	unglücklich

эдэр	jung	эдэрэ суох	nicht jung
кырдьаҕас	alt	кырдьаҕаһа суох	nicht alt
улахан	groß	улахана суох	nicht groß
кыра	klein	кырата суох	nicht klein
куһаҕан	schlecht	куһаҕана суох	nicht schlecht

Куһаҕан үчүгэйэ суох буолбат.	Es gibt nichts Schlechtes, dessen Gutes nicht vorhanden ist = es gibt nichts Schlechtes, das nicht (auch) sein Gutes hat.

Die Personalpronomina der 1. und 2. Personen sowie Substantive mit den Possessivsuffixen der 1. und 2. Personen erhalten das Suffix **-(и)нэ**:

миигинэ суох	ohne mich	биһигинэ суох	ohne uns
эйигинэ суох	ohne dich	эһигинэ суох	ohne euch
кинитэ суох	ohne ihn/sie	кинилэрэ суох	ohne sie

дьиэбинэ суох	ohne mein Haus	дьиэбитинэ суох	ohne unser Haus
дьиэҥинэ суох	ohne dein Haus	дьиэҕитинэ суох	ohne euer Haus
дьиэтэ суох	ohne sein Haus	дьиэлэринэ суох	ohne ihr Haus

Мин эһигинэ суох ханна да барыам суоҕа.	Ich werde ohne euch nirgends hin gehen.

6. Das Zugehörigkeitssuffix -ҕи/-тээҕи

Das Suffix -ҕи wird an Substantive und Adverbien mit örtlicher und zeitlicher Bedeutung angefügt und bildet aus ihnen Adjektive. Bei Substantiven mit Vokalausfall wie **илин** *Vorderseite* und **кэлин** *Rückseite* (vgl. S. 9) beginnt das Zugehörigkeitssuffix mit **к**:

илин	Vorderseite	инники	vorderer
кэлин	Rückseite	кэнники	hinterer
сайын	Sommer	сайынҥы	sommerlicher
кыһын	Winter	кыһынҥы	winterlicher
бүгүн	heute	бүгүнҥү	heutiger
сарсын	morgen	сарсынҥы	morgiger

Das Suffix **-тээҕи** besteht aus dem Zugehörigkeitssuffix, das an ein nicht (mehr) aktives Lokativsuffix angefügt ist. Es entstehen Adjektive, die das Vorhandensein an einem Ort zum Ausdruck bringen:

| Остуоллааҕы кинигэ миэнэ. | Das auf dem Tisch befindliche Buch gehört mir
= das Buch auf dem Tisch gehört mir. |
| Бу кылаастааҕы үөрэнээччилэр ниэмэс тылынан саҥараллар. | Die Schüler in dieser Klasse sprechen Deutsch. |

Bei den Personalpronomina sowie im Zusammenhang mit Possessivsuffixen lauten die Formen wie folgt:

миигиннээҕи	bei mir	биһигиннээҕи	bei uns
эйигиннээҕи	bei dir	эһигиннээҕи	bei euch
кинитээҕи	bei ihm/ihr	кинилэрдээҕи	bei ihnen

дьиэбинээҕи	in meinem Haus	дьиэбитинээҕи	in unserem Haus
дьиэҕинээҕи	in deinem Haus	дьиэҕитинээҕи	in eurem Haus
дьиэтинээҕи	in seinem Haus	дьиэлэринээҕи	in ihrem Haus

| Хоскунааҕы киһи кимий? | Wer ist der Mann in deinem Zimmer? |

7. Das Äquativsuffix -лыы

Dieses Suffix entspricht den deutschen Präpositionen *gemäß*, *nach Art wie*. Es dient zum Ausdruck der Qualität einer Person oder Sache:

киһи	Mensch, Person	киһилии	menschlich
уол	Junge	уоллуу	jungenhaft
кыыс	Mädchen	кыыстыы	mädchenhaft
оҕо	Kind	оҕолуу	kindlich
ыал	Nachbar	ыаллыы	nachbarschaftlich
доҕор	Freund	доҕордуу	freundschaftlich
кыһыҥҥы	winterlich (Adj.)	кыһыҥҥылыы	winterlich (Adv.)

| Туундара кыһыҥҥылыы манхайбыт. | Die Tundra ist winterlich weiß geworden. |

Durch Anfügung an Nationalitätsbezeichnungen entstehen die dazugehörigen Sprachbezeichnungen:

| саха | Jakute, jakutisch | сахалыы | auf Jakutisch |
| нуучча | Russe, russisch | нууччалыы | auf Russisch |

| Тылбаасчыт кинигэни нууччалыыттан сахалыы тылбаастаабыт. | Ein Übersetzer hat das Buch aus dem Russischen ins Jakutische übersetzt. |

8. Adverbien auf -тик

Mit Hilfe dieses Suffixes werden aus Adjektiven Adverbien:

Adjektiv		Adverb	
үчүгэй	gut	үчүгэйдик	gut
куһаҕан	schlecht	куһаҕаннык	schlecht
түргэн	schnell	түргэнник	schnell
бытаан	langsam	бытаанныk	langsam
ичигэс	warm	ичигэстик	warm
кыра	klein	кыратык	ein wenig
улахан	groß	улаханнык	beträchtlich, laut
элбэх	viel(e)	элбэхтик	reichlich

Мин кыратык үлэлээтим.	Ich habe ein wenig gearbeitet.
Мин сүрдээхтик аччыктаатым.	Ich bin schrecklich hungrig.
Эн улаханнык санарыма, манна оҕо утуйар.	Sprich nicht laut; hier schläft ein Kind.

9. Verbstämme auf -лээ

Durch Anfügung des Suffixes **-лээ** an Substantive und Adjektive entstehen Verbstämme:

үлэ	Arbeit	үлэлээ-	arbeiten
бэлэм	bereit, gerichtet	бэлэмнээ-	vorbereiten
көнүл	Freiheit, Befugnis	көнүллээ-	erlauben
өй	Verstand, Sinn	өйдөө-	verstehen
балык	Fisch	балыктаа-	fischen
айан	Reise	айаннаа-	reisen
ыалдьыт	Gast	ыалдьыттаа-	besuchen
отон	Beere	отонноо-	Beeren sammeln

10. Reflexive Verbstämme

Das Suffix zur Bildung reflexiv erweiterter Verbstämme lautet **-(и)н**; dabei entfällt der Konsonant **й** am Ende mehrsilbiger Verbstämme:

бэлэмнээ-	vorbereiten	бэлэмнэн-	sich vorbereiten
тараа-	kämmen	таран-	sich kämmen
көр-	sehen	көрүн-	sich betrachten
		көхүн-	sichtbar sein
сот-	trocknen	сотун-	sich abtrocknen
сууй-	waschen	суун-	sich waschen
тут-	fassen, halten; erbauen	тутун-	sich festhalten; für sich erbauen

Zu dieser Gruppe zählen auch Verben mit der reflexiven Form von **-лээ**:

| дьарык | Beschäftigung | дьарыктан- | sich beschäftigen |

11. Reziproke Verbstämme

Reziprok erweiterte Verbstämme entstehen durch Anfügung des Suffixes -(и)с, gelegentlich auch von -сис:

бил-	kennen	билис-	sich kennen
		билсис-	sich kennen lernen
көр-	sehen	көрүс-	sich sehen
		көрсүс-	sich treffen
өйдөө-	verstehen	өйдөс-	sich verstehen
суруй-	schreiben	суруйс-	sich schreiben

Мин Мишаны вокзалга көрүстүм.	Ich habe Mischa am Bahnhof getroffen.
Мин Мишалыын вокзалга көрсүстүм.	Ich habe mich mit Mischa am Bahnhof getroffen.

Zu dieser Gruppe zählen auch vereinzelte Verben mit der reziproken Form von -лээ:

доҕор	Freund	доҕордос-	sich anfreunden

Reziprok erweiterte Verbstämme können auch beinhalten, dass man eine Tätigkeit gemeinsam ausführt, bei ihr behilflich ist oder an ihr teilnimmt:

ыллаа-	singen	ыллас-	gemeinsam singen
күл-	lachen	күлүс-	gemeinsam lachen
отонноо-	Beeren sammeln	отоннос-	gemeinsam Beeren sammeln
бар-	gehen	бар(с)ыс-	gemeinsam gehen, mitgehen
үлэлээ-	arbeiten	үлэлэс-	gemeinsam arbeiten, bei der Arbeit helfen

Оҕолор күлсэллэр.	Die Kinder lachen miteinander.
Биһигини кытта кинеҕэ барсаҕын дуо?	Gehst du mit uns ins Kino?

12. Kausative Verbstämme

Das Jakutische kennt mehrere Kausativsuffixe; es lassen sich nur annäherungsweise Regeln dafür aufstellen, welches Suffix an einen bestimmten Verbstamm anzuschließen ist. Das Kausativsuffix -т folgt auf mehrsilbige Verbstämme, die auf Vokal oder auf die Konsonanten р oder й enden, wobei auch hier das й entfällt:

ыраастаа-	säubern	ыраастат-	säubern lassen
сиэ-	essen	сиэт-	zu essen geben
тохтоо-	stehen bleiben	тохтот-	anhalten
күүhүр-	stärker werden	күүhүрт-	stärker machen
итий-	heiß werden	итит-	erhitzen
оргуй-	kochen	оргут-	zum Kochen bringen

Das Suffix -тэр folgt auf einsilbige sowie auf diejenigen konsonantisch auslautenden mehrsilbigen Verbstämme, die nicht auf р oder й enden:

бил-	wissen	биллэр-	wissen lassen
көр-	sehen	көрдөр-	zeigen
күл-	lachen	күллэр-	zum Lachen bringen
күүт-	warten	күүттэр-	warten lassen
төнүн-	zurückkehren	төнүннэр-	zurückgeben
уһугун-	aufwachen	уһугуннар-	wecken

Eine weitere Gruppe einsilbiger Verbstämme erhält das Kausativsuffix -(и)эр:

бүт-	enden	бүтэр-	beenden
өл-	sterben	өлөр-	töten, erlegen
бус-	kochen, reifen	буһар-	kochen
тоң-	frieren, erfrieren	тоңор-	einfrieren
тур-	stehen	туруор-	hinstellen
сыт-	sich legen, liegen	сытыар-	(hin)legen

13. Das Passiv

Für die meisten auf Konsonant endenden Verben lautet das Passivsuffix -илин:

тик-	nähen	тигилин-	genäht werden
ас-	öffnen	аһылын-	geöffnet werden
сап-	schließen	сабылын-	geschlossen werden
күүт-	warten	күүтүлүн-	erwartet werden
умун-	vergessen	умнулун-	vergessen werden

Mehrsilbige Verbstämme auf -й verlieren ihren Endkonsonanten und erhalten als Passivsuffix lediglich -лин:

суруй-	schreiben	суру-лун-	geschrieben werden
баай-	anbinden	баа-лын-	angebunden werden
хомуй-	sammeln	хому-лун-	gesammelt werden
бүрүй-	bedecken	бүрү-лүн-	bedeckt werden

Бу сурук нууччалыы суруллубут.	Dieser Brief ist auf Russisch geschrieben.
Кыһын өрүстэр, күөллэр бары халың мууһунан бүрүллэллэр.	Im Winter werden alle Flüsse und Seen von dickem Eis bedeckt.

Verbstämme auf Vokal erhalten zur Passivbildung lediglich ein -н:

көнүллээ-	erlauben	көнүллэн-	erlaubt werden
төлөө-	bezahlen	төлөн-	bezahlt werden
ыраастаа-	säubern	ыраастан-	gesäubert werden
ааттаа-	nennen	ааттан-	genannt werden
атыылаа-	verkaufen	атыылан-	verkauft werden

Табахтыыр көнүллэммэт.	Es ist nicht gestattet, zu rauchen.

Anhang

Übersicht über die jakutischen Suffixe

	Suffixe, die Vokalharmonie 1 folgen
-(г)эр	Dativ-Lokativ nach Possessiv 22
-(т)тэн	Ablativ 16
-(т)э	Possessiv 3. Person Singular 20
-(ч)чэ	Approximativzahlen 37
-(э)н	Konverb 97 ff.
ø-ээйэ	Potential 62
ø-ээр	Imperativ Futur 2. Person Singular 65
ø-ээри	Konverb 105 f.
ø-ээриҥ	Imperativ Futur 2. Person Plural 65
ø-ээрэй	Potential 3. Person 62
ø-ээт	Konverb 106
ø-ээччи	Adjektivbildung 114
-бэ	Negation Vollverb 66, 69
-бэккэ	verneintes Konverb 104
-бэр	Possessiv 1. Person Singular und Dativ 22
-бэт	verneintes Themasuffix Präsens-Futur 58, 77
-бэттээх	verneintes Themasuffix Nezessitativ Präsens 67
-бэтэх	verneintes Themasuffix Perfekt 70
-бэтэхтээх	verneintes Themasuffix episodisches Perfekt 72
-ҕэ	Dativ-Lokativ 13, 15
-ҕэр	Possessiv 2. Person Singular und Dativ 22
-лэр	Plural 12
-лэрэ	Possessiv 3. Person Plural 20
-лээ	Verbbildung 119
-лээх	Adjektivbildung 42, 67, 68, 72, 115
-нэ	Partitiv nach Possessiv 22
-нээҕэр	Komparativ nach Possessiv 22
-тэ	Multiplikativzahlen 38
-тэ	Partitiv 18
-тэ	perfektische Personalendung 3. Person Singular 69

-тэр	Kausativ 121
-тэр	Themasuffix Konditional 78
-тэх	Themasuffix Verbalnomen 92 f.
-тээҕи	Zugehörigkeit 117
-тээҕэр	Komparativ 19, 25
-э	Konverb nach Konsonant 95
-э(р)	Themasuffix Präsens-Futur nach Konsonant 58, 77, 82 ff.
-эрдээх	Themasuffix Nezessitativ Präsens nach Konsonant 67

Suffixe, die Vokalharmonie 2 folgen	
-(и)й	Fragepartikel 34
-(и)лин	Passiv 122
-(и)м	Possessiv 1. Person Singular 20
-(и)м(и)нэ	verneintes Konverb 104
-(и)мэ	Verneinung Vollverb 61 ff.
-(и)н	Reflexiv 119
-(и)нэ	Lokativ 46 f., 92, 94
-(и)нэн	Instrumental 17
-(и)ҥ	Imperativ 2. Person Plural 64 f.
-(и)ҥ	Possessiv 2. Person Singular 20
-(и)с	Reziprok 120
-(и)эр	Kausativ 121
-(н)и	Akkusativ 14
-(н)ий	Fragepartikel 34
-(т)ин	Genitiv 20
-(т)ин	Possessiv 3. Person und Akkusativ 22
ø-ии	Konverb nach Vokal 95
ø-ии	Substantivbildung 114
ø-ии(р)	Themasuffix Präsens-Futur nach Vokal 58, 77
ø-иим	Optativ 1. Person Singular 63
ø-ииhи	Themasuffix Präsumptiv 61
ø-иирдээх	Themasuffix Nezessitativ Präsens nach Vokal 67
ø-ис	Ordinalzahlen 40
ø-иэ(н)	Kollektivzahlen 37
ø-иэйэх	Limitativzahlen 38
ø-иэх	Themasuffix Futur 60, 90 f.
ø-иэх/иэҕин	Optativ 1. Person Plural 63

ø-иэхтээх	Themasuffix Nezessitativ Futur 68
ø-иэхэ	Dativ der Pronomina 28 f.
-бин	präsentische Personalendung 1. Person Singular 51
-бит	Possessiv 1. Person Plural 20
-бит	präsentische Personalendung 1. Person Plural 51
-бит	Themasuffix Perfekt 70 f., 87 ff.
-битинэн	Konverb 107
-биттээх	Themasuffix episodisches Perfekt 72
-биччэ	Konverb 107
-ҕи	Zugehörigkeit 117
-ҕин	präsentische Personalendung 2. Person Singular 51
-ҕит	Possessiv 2. Person Plural 20
-ҕит	präsentische Personalendung 1. Person Plural 51
-лии	Äquativ 118
-лии	Distributivzahlen 43
-лиин	Komitativ 19
-н	Akkusativ nach Possessiv 22
-ниин	Komitativ nach Possessiv 22
-һит	Substantivbildung 113
-тибит	perfektische Personalendung 1. Person Plural 69
-тигит	perfektische Personalendung 2. Person Plural 69
-тик	Adverbbildung 25, 118
-тилэр	perfektische Personalendung 3. Person Plural 69
-тим	perfektische Personalendung 1. Person Singular 69
-тин	Imperativ Präsens 3. Person Singular 66
-тиннэр	Imperativ Präsens 3. Person Plural 66
-тиҥ	perfektische Personalendung 2. Person Singular 69

Die deutschen Nebensätze und ihre jakutischen Entsprechungen

als (temporal)	-эр кэмигэр 85, -битигэр 88, -тэҕинэ 93
als ob (modal)	-эр курдук 85, -бит курдук 89
bevor (temporal)	-иэх иннинэ 91, -э илигинэ 94
bis (temporal)	-иэххэ диэри 90, -иэр диэри 90
damit, dass (final)	диэн 103
dass-Sätze	81 ff.
indem (modal)	-э/ø-ии 95, -(э)н 99
Infinitiv mit *zu*	-эр 82, -эргэ 83, -ээри 105
kaum dass	ø-ээт 106
nachdem (temporal)	-битэ кэннэ 88, -(э)н баран 98
obwohl (konzessiv)	буолан баран 98, (ол) эрээри 109
ohne zu (modal)	-бэккэ, -(и)м(и)нэ 104
Relativsätze	81 ff.
seitdem (temporal)	-бититтэн ыла 98
sobald (temporal)	-эрин кытта 84, ø-ээт 106
statt dass, statt zu	-эр оннугар 85, -иэхтээҕэр 90
um zu (final)	-э/ø-ии 96, ø-ээри 105
während (temporal)	-тэҕинэ
weil (kausal)	-бититтэн 87, -(э)н 98, диэн 103, -биччэ 107
wenn (temporal)	-тэҕинэ 93, -(э)н 98
wenn (konditional)	-тэр 78, -тэҕинэ 93
wenn auch (konzessiv)	-тэр да 78
wie (modal)	-эр курдук 85, -битэ курдук 87
wobei (modal)	-э/ø-ии 95, -(э)н 99

Anhang

Auf den folgenden Seiten sind die Possessivdeklinationen sowie die Zeiten und Modi folgender Substantive und Verben wiedergegeben:

Substantive

	Vokal, Diphth.	л	й, р	м, н, ҥ	к, п, с, т	х
э, и, иэ	дьиэ *Haus*					
ү, үө		күөл *See*				
ө			өй *Gedanke*			
а, ы, ыа				аан *Tür*		
у, уо					сурук *Brief*	
о						олох *Leben*

Verben

	Vokal, Diphth.	л	й, р	м, н, ҥ	к, п, с, т	х
э, и, иэ	кэпсээ- *erzählen*					
ү, үө		күл- *lachen*				
ө			көр- *sehen*			
а, ы, ыа				гын- *machen*		
у, уо					кут- *eingießen*	
о						тох- *ausgießen*

Possessivdeklination von Substantiven, Singular

	1. Person Singular	2. Person Singular	3. Person Singular
Nominativ	дьиэм	дьиэҥ	дьиэтэ
Dat./Lok.	дьиэбэр	дьиэҕэр	дьиэтигэр
Akkusativ	дьиэбин	дьиэҕин	дьиэтин
Ablativ	дьиэбиттэн	дьиэҕиттэн	дьиэтиттэн
Instrumental	дьиэбинэн	дьиэҕинэн	дьиэтинэн
Komitativ	дьиэбиниин	дьиэҕиниин	дьиэтиниин
Nominativ	күөлүм	күөлүҥ	күөлэ
Dat./Lok.	күөлбэр	күөлгэр	күөлүгэр
Akkusativ	күөлбүн	күөлгүн	күөлүн
Ablativ	күөлбүттэн	күөлгүттэн	күөлүттэн
Instrumental	күөлбүнэн	күөлгүнэн	күөлүнэн
Komitativ	күөлбүнүүн	күөлгүнүүн	күөлүнүүн
Nominativ	өйүм	өйүҥ	өйө
Dat./Lok.	өйбөр	өйгөр	өйүгэр
Akkusativ	өйбүн	өйгүн	өйүн
Ablativ	өйбүттэн	өйгүттэн	өйүттэн
Instrumental	өйбүнэн	өйгүнэн	өйүнэн
Komitativ	өйбүнүүн	өйгүнүүн	өйүнүүн
Nominativ	ааным	аныҥ	аана
Dat./Lok.	ааммар	аанҥар	ааныгар
Akkusativ	аммын	аанҥын	ааныn
Ablativ	аммыттан	аанҥыттан	ааныттан
Instrumental	аммынан	аанҥынан	ааныnан
Komitativ	аммыныын	аанҥыныын	ааныныын
Nominativ	суругум	суругуҥ	суруга
Dat./Lok.	сурукпар	суруккар	суругар
Akkusativ	сурукпун	суруккун	суругун
Ablativ	сурукпуттан	суруккуттан	суругуттан
Instrumental	сурукпунан	суруккунан	суругунан
Komitativ	сурукпунуун	суруккунуун	суругунуун
Nominativ	олоҕум	олоҕуҥ	олоҕо
Dat./Lok.	олохпор	олоххор	олоҕор
Akkusativ	олохпун	олоххун	олоҕун
Ablativ	олохпуттан	олоххуттан	олоҕуттан
Instrumental	олохпунан	олоххунан	олоҕунан
Komitativ	олохпунуун	олоххунуун	олоҕунуун

Possessivdeklination von Substantiven, Plural

1. Person Plural	2. Person Plural	3. Person Plural
дьиэбит	дьиэҕит	дьиэлэрэ
дьиэбитигэр	дьиэҕитигэр	дьиэлэригэр
дьиэбитин	дьиэҕитин	дьиэлэрин
дьиэбититтэн	дьиэҕититтэн	дьиэлэриттэн
дьиэбитинэн	дьиэҕитинэн	дьиэлэринэн
дьиэбитиниин	дьиэҕитиниин	дьиэлэриниин
күөлбүт	күөлгүт	күөллэрэ
күөлбүтүгэр	күөлгүтүгэр	күөллэригэр
күөлбүтүн	күөлгүтүн	күөллэрин
күөлбүтүттэн	күөлгүтүттэн	күөллэриттэн
күөлбүтүнэн	күөлгүтүнэн	күөллэринэн
күөлбүтүнүүн	күөлгүтүнүүн	күөллэриниин
өйбүт	өйгүт	өйдөрө
өйбүтүгэр	өйгүтүгэр	өйдөрүгэр
өйбүтүн	өйгүтүн	өйдөрүн
өйбүтүттэн	өйгүтүттэн	өйдөрүттэн
өйбүтүнэн	өйгүтүнэн	өйдөрүнэн
өйбүтүнүүн	өйгүтүнүүн	өйдөрүнүүн
аammит	аанғыт	ааннара
ааммытыгар	аанғытыгар	ааннарыгар
ааммытын	аанғытын	ааннарын
ааммытыттан	аанғытыттан	ааннарыттан
ааммытынан	аанғытынан	ааннарынан
ааммытыныын	аанғытыныын	ааннарыныын
сурукпут	суруккут	суруктара
сурукпутугар	суруккутугар	суруктарыгар
сурукпутун	суруккутун	суруктарын
сурукпутуттан	суруккутуттан	суруктарыттан
сурукпутунан	суруккутунан	суруктарынан
сурукпутунуун	суруккутунуун	суруктарыныын
олохпут	олоххут	олохторо
олохпутугар	олоххутугар	олохторугар
олохпутун	олоххутун	олохторун
олохпутуттан	олоххутуттан	олохторуттан
олохпутунан	олоххутунан	олохторунан
олохпутунуун	олоххутунуун	олохторунуун

Verbtabellen bejahte Formen

Präs.-Futur zu S. 58	Futur zu S. 60	Präsumptiv zu S. 61	Potential zu S. 62	Opt.-Imperativ zu S. 63 ff.
кэпсиибин	кэпсиэм	кэпсииһибин	кэпсээйэбин	кэпсиим
кэпсиигин	кэпсиэҥ	кэпси	кэпсээйэҕин	кэпсээ
кэпсиир	кэпсиэ	кэпсииһи	кэпсээрэй	кэпсээтин
кэпсиибит	кэпсиэхпит	кэпсииһибит	кэпсээйэбит	кэпсиэх
кэпсиигит	кэпсиэххит	кэпсииһигит	кэпсээйэҕит	кэпсээҥ
кэпсииллэр	кэпсиэхтэрэ	кэпсииһилэр	кэпсээйэллэр	кэпсээтиннэр
күлэбин	күлүөм	күлүүһүбүн	күлээйэбин	күлүүм
күлэҕин	күлүөҥ	күлүүһүгүн	күлээйэҕин	күл
күлэр	күлүө	күлүүһү	күлээрэй	күллүн
күлэбит	күлүөхпүт	күлүүһүбүт	күлээйэбит	күлүөх
күлэҕит	күлүөххүт	күлүүһүгүт	күлээйэҕит	күлүҥ
күлэллэр	күлүөхтэрэ	күлүүһүлэр	күлээйэллэр	күллүннэр
көрөбүн	көрүөм	көрүүһүбүн	көрөөйөбүн	көрүүм
көрөҕүн	көрүөҥ	көрүүһүгүн	көрөөйөҕүн	көр
көрөр	көрүө	көрүүһү	көрөөрөй	көрдүн
көрөбүт	көрүөхпүт	көрүүһүбүт	көрөөйөбүт	көрүөх
көрөҕүт	көрүөххүт	көрүүһүгүт	көрөөйөҕүт	көрүҥ
көрөллөр	көрүөхтэрэ	көрүүһүлэр	көрөөйөллөр	көрдүннэр
гынабын	гыныам	гыныыһыбын	гынаайабын	гыныым
гынаҕын	гыныаҥ	гыныыһыгын	гынаайаҕын	гын
гынар	гыныа	гыныыһы	гынаарай	гыннын
гынабыт	гыныахпыт	гыныыһыбыт	гынаайабыт	гыныах
гынаҕыт	гыныаххыт	гыныыһыгыт	гынаайаҕыт	гыныҥ
гыналлар	гыныахтара	гыныыһылар	гынаайаллар	гынныннар
кутабын	кутуом	кутууһубун	кутаайабын	кутуум
кутаҕын	кутуоҥ	кутууһугун	кутаайаҕын	кут
кутар	кутуо	кутууһу	кутаарай	куттун
кутабыт	кутуохпут	кутууһубут	кутаайабыт	кутуох
кутаҕыт	кутуоххут	кутууһугут	кутаайаҕыт	кутуҥ
куталлар	кутуохтара	кутууһулар	кутаайаллар	куттуннар
тоҕобун	тоҕуом	тоҕууһубун	тоҕоойобун	тоҕуум
тоҕоҕун	тоҕуоҥ	тоҕууһугун	тоҕоойоҕун	тох
тоҕор	тоҕуо	тоҕууһу	тоҕоорой	тохтун
тоҕобут	тоҕуохпут	тоҕууһубут	тоҕоойобут	тоҕуох
тоҕоҕут	тоҕуоххут	тоҕууһугут	тоҕоойоҕут	тоҕуҥ
тоҕоллор	тоҕуохтара	тоҕууһулар	тоҕоойоллор	тохтуннар

Anhang

Verbtabellen verneinte Formen

Präs.-Futur zu S. 58	Präsumptiv zu S. 61	Potential zu S. 62	Opt.-Imperativ zu S. 63 ff.
кэпсээбэппин	кэпсээмииһибин	кэпсээмээйэбин	кэпсээмиим
кэпсээбэккин	кэпсээми	кэпсээмээйэҕин	кэпсээмэ
кэпсээбэт	кэпсээмииһи	кэпсээмээрэй	кэпсээбэтин
кэпсээбэппит	кэпсээмииһибит	кэпсээмээйэбит	кэпсээмиэх
кэпсээбэккит	кэпсээмииһигит	кэпсээмээйэҕит	кэпсээмэҥ
кэпсээбэттэр	кэпсээмииһилэр	кэпсээмээйэллэр	кэпсээбэтиннэр
күлбэппин	күлүмүүһүбүн	күлүмээйэбин	күлүмүүм
күлбэккин	күлүмүүһүгүн	күлүмээйэҕин	күлүмэ
күлбэт	күлүмүүһү	күлүмээрэй	күлбэтин
күлбэппит	күлүмүүһүбүт	күлүмээйэбит	күлүмүөх
күлбэккит	күлүмүүһүгүт	күлүмээйэҕит	күлүмэҥ
күлбэттэр	күлүмүүһүлэр	күлүмээйэллэр	күлбэтиннэр
көрбөппүн	көрүмүүһүбүн	көрүмээйэбин	көрүмүүм
көрбөккүн	көрүмүүһүгүн	көрүмээйэҕин	көрүмэ
көрбөт	көрүмүүһү	көрүмээрэй	көрбөтүн
көрбөппүт	көрүмүүһүбүт	көрүмээйэбит	көрүмүөх
көрбөккүт	көрүмүүһүгүт	көрүмээйэҕит	көрүмэҥ
көрбөттөр	көрүмүүһүлэр	көрүмээйэллэр	көрбөтүннэр
гыммаппын	гынымыыһыбын	гынымаайабын	гынымыым
гыммаккын	гынымыыһыгын	гынымаайаҕын	гыныма
гыммат	гынымыыһы	гынымаарай	гымматын
гыммаппыт	гынымыыһыбыт	гынымаайабыт	гынымыах
гыммаккыт	гынымыыһыгыт	гынымаайаҕыт	гынымаҥ
гымматтар	гынымыыһылар	гынымаайаллар	гымматыннар
куппаппын	кутумууһубун	кутумаайабын	кутумуум
куппаккын	кутумууһугун	кутумаайаҕын	кутума
куппат	кутумууһу	кутумаарай	куппатын
куппаппыт	кутумууһубут	кутумаайабыт	кутумуох
куппаккыт	кутумууһугут	кутумаайаҕыт	кутумаҥ
куппаттар	кутумууһулар	кутумаайаллар	куппатыннар
тохпоппун	тоҕумууһубун	тоҕумаайабын	тоҕумуум
тохпоккун	тоҕумууһугун	тоҕумаайаҕын	тоҕума
тохпот	тоҕумууһу	тоҕумаарай	тохпотун
тохпоппут	тоҕумууһубут	тоҕумаайабыт	тоҕумуох
тохпоккут	тоҕумууһугут	тоҕумаайаҕыт	тоҕумаҥ
тохпоттор	тоҕумууһулар	тоҕумаайаллар	тохпотуннар

Verbtabellen bejahte Formen

einf. Perfekt zu S. 69	subj. Perfekt zu S. 70	Erzählperfekt zu S. 71	Präteritum zu S. 77	Konditional zu S. 78
кэпсээтим	кэпсээбиппин	кэпсээбитим	кэпсиирим	кэпсээтэрбин
кэпсээтиҥ	кэпсээбиккин	кэпсээбитиҥ	кэпсиириҥ	кэпсээтэргин
кэпсээтэ	кэпсээбит	кэпсээбитэ	кэпсиирэ	кэпсээтэр
кэпсээтибит	кэпсээбиппит	кэпсээбиппит	кэпсиирбит	кэпсээтэрбит
кэпсээтигит	кэпсээбиккит	кэпсээбиккит	кэпсииргит	кэпсээтэргит
кэпсээтилэр	кэпсээбиттэр	кэпсээбиттэрэ	кэпсииллэрэ	кэпсээтэллэр
күллүм	күлбүппүн	күлбүтүм	күлэрим	күллэрбин
күллүҥ	күлбүккүн	күлбүтүҥ	күлэриҥ	күллэргин
күллэ	күлбүт	күлбүтэ	күлэрэ	küллэр
күллүбүт	күлбүппүт	күлбүппүт	күлэрбит	күллэрбит
күллүгүт	күлбүккүт	күлбүккүт	күлэргит	күллэргит
күллүлэр	күлбүттэр	күлбүттэрэ	күлэллэрэ	күллэллэр
көрдүм	көрбүппүн	көрбүтүм	көрөрүм	көрдөрбүн
көрдүҥ	көрбүккүн	көрбүтүҥ	көрөрүҥ	көрдөргүн
көрдө	көрбүт	көрбүтэ	көрөрө	көрдөр
көрдүбүт	көрбүппүт	көрбүппүт	көрөрбүт	көрдөрбүт
көрдүгүт	көрбүккүт	көрбүккүт	көрөргүт	көрдөргүт
көрдүлэр	көрбүттэр	көрбүттэрэ	көрөллөрө	көрдөллөр
гынным	гыммыппын	гыммытым	гынарым	гыннарбын
гынныҥ	гыммыккын	гыммытыҥ	гынарыҥ	гыннаргын
гынна	гыммыт	гыммыта	гынара	гыннар
гынныбыт	гыммыппыт	гыммыппыт	гынарбыт	гыннарбыт
гынныгыт	гыммыккыт	гыммыккыт	гынаргыт	гыннаргыт
гынныдар	гыммыттар	гыммыттара	гыналлара	гынналлар
куттум	куппуппун	куппутум	кутарым	куттарбын
куттуҥ	куппуккун	куппутуҥ	кутарыҥ	куттаргын
кутта	куппут	куппута	кутара	куттар
куттубут	куппуппут	куппуппут	кутарбыт	куттарбыт
куттугут	куппуккут	куппуккут	кутаргыт	куттаргыт
куттулар	куппуттар	куппуттара	куталлара	кутталлар
тохтум	тохпуппун	тохпутум	тоҕорум	тохторбун
тохтуҥ	тохпуккун	тохпутуҥ	тоҕоруҥ	тохторгун
тохто	тохпут	тохпута	тоҕоро	тохтор
тохтубут	тохпуппут	тохпуппут	тоҕорбут	тохторбут
тохтугут	тохпуккут	тохпуккут	тоҕоргут	тохторгут
тохтулар	тохпуттар	тохпуттара	тоҕоллоро	тохтоллор

Verbtabellen verneinte Formen

einf. Perfekt zu S. 69	subj. Perfekt zu S. 70	Erzählperfekt zu S. 71	Konditional zu S. 78
кэпсээбэтим	кэпсээбэтэхпин	кэпсээбэтэҕим	кэпсээбэтэрбин
кэпсээбэтиҥ	кэпсээбэтэххин	кэпсээбэтэҕиҥ	кэпсээбэтэргин
кэпсээбэтэ	кэпсээбэтэх	кэпсээбэтэҕэ	кэпсээбэтэр
кэпсээбэтибит	кэпсээбэтэхпит	кэпсээбэтэхпит	кэпсээбэтэрбит
кэпсээбэтигит	кэпсээбэтэххит	кэпсээбэтэххит	кэпсээбэтэргит
кэпсээбэтилэр	кэпсээбэтэхтэр	кэпсээбэтэхтэрэ	кэпсээбэтэллэр
күлбэтим	күлбэтэхпин	күлбэтэҕим	күлбэтэрбин
күлбэтиҥ	күлбэтэххин	күлбэтэҕиҥ	күлбэтэргин
күлбэтэ	күлбэтэх	күлбэтэҕэ	күлбэтэр
күлбэтибит	күлбэтэхпит	күлбэтэхпит	күлбэтэрбит
күлбэтигит	күлбэтэххит	күлбэтэххит	күлбэтэргит
күлбэтилэр	күлбэтэхтэр	күлбэтэхтэрэ	күлбэтэллэр
көрбөтүм	көрбөтөхпүн	көрбөтөҕүм	көрбөтөрбүн
көрбөтүҥ	көрбөтөххүн	көрбөтөҕүҥ	көрбөтөргүн
көрбөтө	көрбөтөх	көрбөтөҕө	көрбөтөр
көрбөтүбүт	көрбөтөхпүт	көрбөтөхпүт	көрбөтөрбүт
көрбөтүгүт	көрбөтөххүт	көрбөтөххүт	көрбөтөргүт
көрбөтүлэр	көрбөтөхтөр	көрбөтөхтөрө	көрбөтөллөр
гымматым	гымматахпын	гыммataҕым	гымматарбын
гымматыҥ	гымматаххын	гыммataҕыҥ	гымматаргын
гыммата	гымматах	гыммataҕа	гымматар
гымматыбыт	гымматахпыт	гымматахпыт	гымматарбыт
гымматыгыт	гымматаххыт	гымматаххыт	гымматаргыт
гымматылар	гымматахтар	гымматахтара	гыммataллар
куппатым	куппатахпын	куппатаҕым	куппатарбын
куппатыҥ	куппатаххын	куппатаҕыҥ	куппатаргын
куппата	куппатах	куппатаҕа	куппатар
куппатыбыт	куппатахпыт	куппатахпыт	куппатарбыт
куппатыгыт	куппатаххыт	куппатаххыт	куппатаргыт
куппатылар	куппатахтар	куппатахтара	куппаталлар
тохпотум	тохпотохпун	тохпотоҕум	тохпоторбун
тохпотуҥ	тохпотоххун	тохпотоҕуҥ	тохпоторгун
тохпото	тохпотох	тохпотоҕо	тохпотор
тохпотубут	тохпотохпут	тохпотохпут	тохпоторбут
тохпотугут	тохпотоххут	тохпотоххут	тохпоторгут
тохпотулар	тохпотохтор	тохпотохторо	тохпотоллор

Verbtabellen bejahte Formen

Nezess. Präsens zu S. 67	Nezess. Futur zu S. 68	episod. Perfekt zu S. 72	Temporal-Kond. zu S. 92
кэпсиирдээхпин	кэпсиэхтээхпин	кэпсээбиттээхпин	кэпсээтэхпинэ
кэпсиирдээххин	кэпсиэхтээххин	кэпсээбиттээххин	кэпсээтэххинэ
кэпсиирдээх	кэпсиэхтээх	кэпсээбиттээх	кэпсээтэҕинэ
кэпсиирдээхпит	кэпсиэхтээхпит	кэпсээбиттээхпит	кэпсээтэхпитинэ
кэпсиирдээххит	кэпсиэхтээххит	кэпсээбиттээххит	кэпсээтэххитинэ
кэпсиирдээхтэр	кэпсиэхтээхтэр	кэпсээбиттээхтэр	кэпсээтэхтэринэ
күлэрдээхпин	күлүөхтээхпин	күлбүттээхпин	күллэхпинэ
күлэрдээххин	күлүөхтээххин	күлбүттээххин	күллэххинэ
күлэрдээх	күлүөхтээх	күлбүттээх	күллэҕинэ
күлэрдээхпит	күлүөхтээхпит	күлбүттээхпит	күллэхпитинэ
күлэрдээххит	күлүөхтээххит	күлбүттээххит	күллэххитинэ
күлэрдээхтэр	күлүөхтээхтэр	күлбүттээхтэр	күллэхтэринэ
көрөрдөөхпүн	көрүөхтээхпин	көрбүттээхпин	көрдөхпүнэ
көрөрдөөххүн	көрүөхтээххин	көрбүттээххин	көрдөххүнэ
көрөрдөөх	көрүөхтээх	көрбүттээх	көрдөҕүнэ
көрөрдөөхпүт	көрүөхтээхпит	көрбүттээхпит	көрдөхпүтүнэ
көрөрдөөххүт	көрүөхтээххит	көрбүттээххит	көрдөххүтүнэ
көрөрдөөхтөр	көрүөхтээхтэр	көрбүттээхтэр	көрдөхтөрүнэ
гынардаахпын	гыныахтаахпын	гыммыттаахпын	гыннахпына
гынардааххын	гыныахтааххын	гыммыттааххын	гыннаххына
гынардаах	гыныахтаах	гыммыттаах	гыннаҕына
гынардаахпыт	гыныахтаахпыт	гыммыттаахпыт	гыннахпытына
гынардааххыт	гыныахтааххыт	гыммыттааххыт	гыннаххытына
гынардаахтар	гыныахтаахтар	гыммыттаахтар	гыннахтарына
кутардаахпын	кутуохтаахпын	куппуттаахпын	куттахпына
кутардааххын	кутуохтааххын	куппуттааххын	куттаххына
кутардаах	кутуохтаах	куппуттаах	куттаҕына
кутардаахпыт	кутуохтаахпыт	куппуттаахпыт	куттахпытына
кутардааххыт	кутуохтааххыт	куппуттааххыт	куттаххытына
кутардаахтар	кутуохтаахтар	куппуттаахтар	куттахтарына
тоҕордоохпун	тоҕуохтаахпын	тохпуттаахпын	тохтохпуна
тоҕордооххун	тоҕуохтааххын	тохпуттааххын	тохтоххуна
тоҕордоох	тоҕуохтаах	тохпуттаах	тохтоҕуна
тоҕордоохпут	тоҕуохтаахпыт	тохпуттаахпыт	тохтохпутуна
тоҕордооххут	тоҕуохтааххыт	тохпуттааххыт	тохтоххутуна
тоҕордоохтор	тоҕуохтаахтар	тохпуттаахтар	тохтохторуна

Anhang

Alphabetisches Vokabelverzeichnis

а

ааҕааччы	Leser
аадырыс	Adresse
аайы	jeder
аан	Tür
аас-	vorbeigehen
аат	Name
ааттаа-	nennen
аах-	lesen, einschätzen
аҕа	Vater; älter
аҕал-	bringen, geben
аҕын- (ахт-)	sich sehnen
аҕыс (ахс-)	acht
аҕыс уон	achtzig
айан	Reise
айаннаа-	reisen
айанньыт	Reisender
айдаар-	lärmen
алдьан-	kaputt gehen
аллара	hinunter, unten
алта	sechs
алта уон	sechzig
алтынньы	Oktober
алын (анн-)	Unterseite
амсай-	kosten
анараа өттүгэр	(zeitl.) vor
аҥар	Hälfte
аргыс	Reisegefährte
ардах	Regenschauer
арыт (ард-)	Zwischenraum; manchmal
ас	Speise
ас-	öffnen
астаа-	Essen zubreiten
аһаа-	essen
аһыы	sauer, bitter
ат	Pferd
атах	Fuß
аттан-	sich auf den Weg machen
атын (атт-)	Seite
атырдьах ыйа	August
атыылаа-	verkaufen
атыылааччы	Verkäufer
атыылас-	(ein)kaufen
ахсынньы	Dezember
аччыктаа-	hungrig werden

б

баай	reich
баар	vorhanden, anwesend
баҕар-	wollen
баҕар ... баҕар	sei es ..., sei es ...
балаҕан ыйа	September
балык	Fisch
балыксыт	Fischer
балыктаа-	fischen
балыс (балт-)	jüngere Schwester
бар-	(weg)gehen
бары	alle
барыы	Abfahrt
баскыһыанньа	Sonntag
бастаан	zuerst
бастакы	erster
баһаалыста	bitte
баһаар	Markt
баттах	Haar
бачча	so sehr
бачча тухары	so lange
библиотека	Bibliothek
биир	eins, ein
биирдэ	einmal, einst
бил-	wissen, kennen
билигин	jetzt, gleich
билин- (билл-)	bekannt sein

билиһиннэр-	vorstellen, bekannt machen
биллэр-	wissen lassen
биллэрдик	merklich
бириэмэ	Zeit
биһиги	wir
биэ	Stute
биэр-	geben
биэс	fünf
биэс уон	fünfzig
болҕомтолоох	aufmerksam
бөрө	Wolf
бөһүөлэк	Siedlung
бу	dieser, diese
будильник	Wecker
букатын	vollständig
бул-	finden
булт	Jagd
бултаа-	jagen
булчут	Jäger
буол-	werden, sein
бурдук	Getreide
бус-	reifen, kochen
буһар-	kochen
бүгүн	heute
бүгүнңү	heutig
бүрүй-	bedecken
бүт-	enden
бүтэр-	beenden
былырыын	letztes Jahr
былыт	Wolke
былыттаах	bewölkt
бырааһынньык	Fest
бырыһыан	Prozent
быс-	schneiden
быһа	hindurch
быһах	Messer
бытаан	langsam
бэҕэһээ	gestern
бэйэ	Körper, Selbst
бэлэм	bereit, gerichtet
бэлэмнэн-	sich vorbereiten
бэлэмнээ-	vorbereiten
бэлэх	Geschenk
бэнидиэнньик	Montag
бэргэһэ	Mütze
бэрт	außerordentlich
бэс ыйа	Juni
бээтинсэ	Freitag

в

вокзал	Bahnhof
врач	Arzt

г

грип	Grippe
гын-	machen, tun

д

да	und, auch, aber, zwar
да(ҕаны) ... да(ҕаны)	sowohl ... als auch
даҕаны	auch
дача	Datscha
детсад	Kindergarten
диэ-	sagen
диэки	in Richtung
диэри	bis
доҕор (доҕоттор)	Freund
доҕордос-	sich anfreunden
дойду	Land
доруобуйа	Gesundheit
ду ... ду	entweder ... oder
дылы	wie, bis zu
дьааһык	Truhe
дьарык	Beschäftigung
дьарыктан-	sich beschäftigen
дьахтар (дьахталлар)	Frau

дьиксиннэр-	beunruhigen		
дьикти	wunderbar	каникул	Ferien
дьиэ	Haus	киилэ	Kilo
дьиэ кэргэн	Familie	киин	Haupt-
Дьокуускай	Jakutsk	киинэ	Kino, Film
дьол	Glück	киир-	hineingehen
дьоллох	glücklich	киитэрэй	schlau
дьон	Leute, Volk	килиэп	Brot
дьэдьэн	Erdbeere	киллэр-	hereinbringen
		километр	Kilometer
и		ким	wer
идэ	Beruf	ким да (+ Neg.)	niemand
ийэ	Mutter	ким эрэ, ким эмэ	jemand
икки	zwei	кини	er, sie
илии	Hand, Arm	кинигэ	Buch
илик	noch nicht	киhи	Mensch, Person
илим	(Fang)netz	киэҥ	weit, breit
илин (инн-)	Vorderseite	киэр	hinaus, fort, weg
иллэрээ күн	vorgestern	киэhэ	Abend, abends
илт- (илдь-)	mitnehmen	көҕүс (көхс-)	Rücken
ини	jüngerer Bruder	көлө	Fuhrwerk
инники	vorderer	көмө	Hilfe
интэриэhинэй	interessant	көмөлөс-	helfen
интэриэhиргээ-	sich interessieren	көн-	sich glätten
ис	Inneres	көнө	gradlinig
ис-	trinken; gehen	көҥүл	Freiheit, Befugnis
истиҥ	innig		
история	Geschichte	көҥүллээ-	erlauben
истээччи	Zuhörer	көр-	sehen, schauen
иhин	für, wegen	көрдөө-	suchen
иhирдьэ	nach drinnen, drinnen	көрдөр-	zeigen
		көрөөччү	Zuschauer
иhит- (ист-)	(zu)hören	көрүлээ-	sich vergnügen
ити	der hier	көрүн-	sich sehen, sich versorgen
итии	warm, heiß		
итий-	heiß werden	көрүҥ	Aussehen
итиннэ	dahin, da	көс-	übersiedeln
итит-	erhitzen	көhөөччү	Nomade
ичигэс	warm	көhүн- (көст-)	sichtbar sein, aussehen

көт-	fliegen
көтөр	Vogel
кулун	Fohlen
кулун тутар	März
культура	Kultur
куорат	Stadt
куоска	Katze
куоттар-	versäumen
курдук	gleich, wie
куруук	immer
куһаҕан	schlecht
кут-	eingießen
куттан-	sich fürchten
күл-	lachen
күлүү	Gelächter
күн	Sonne, Tag
күндү	wertvoll
күндүүлээ-	bewirten
күнүс	heller Tag, tags
күөгү	Angel
күөл	See
күөх	blau, grün
күүлэйдээ-	spazieren
күүс	Kraft
күүстээх	kräftig, stark
күүт-	warten
күүттэр-	warten lassen
күүһүр-	stärker werden
күһүн	(im) Herbst
күчүмэҕэй	schwer
кыай-	fähig sein
кыах	Fähigkeit
кыбыһын- (кыбыст-)	sich schämen, verlegen sein
кылаас	Klasse
кылбаҥнаа-	glänzen
кымыс	Kumys
кыра	klein
кыраадыс	Grad
кырдьаҕас	alt (Lebewesen)
кыһалын- (кыһалл-)	sich Gedanken machen
кыһамньылаах	fleißig
кыһан-	in Sorge sein
кыһыл	rot
кыһыл көмүс	Gold
кыһын	(im) Winter
кыһыҥҥы	winterlich (Adj.)
кытаанах	hart
кытта	mit
кытын- (кытт-)	teilnehmen
кыыс (кыргыттар)	Mädchen, Tochter
кыыһыр-	sich ärgern
кэбис- (кэбис-)	werfen
кэл-	kommen
кэлии	Ankunft
кэлин (кэнн-)	Rückseite
кэм	Zeit
кэнники	hinterer
кэпсэт-	sich unterhalten
кэпсэтии	Gespräch
кэпсээ-	erzählen
кэпсээн	Erzählung
кэпсээнньит	Erzähler
кэргэн	Ehepartner, Familie
(кэрэннэр	Familien)
(кэргэттэр	Familien-angehörige)
кэриҥэ	ungefähr
кэриэтэ	fast, nahezu
кэрт- (кэрд-)	hauen, fällen
кэрэ	schön
кэт-	anziehen
кэтэс-	erwarten

м

массыына	Auto
майгыннас-	einander ähneln

манна	hierher, hier	ойуур	Wald, Dickicht
маҥнайгы	erster	ол	jener
маҥхай-	weiß werden	ол гынан баран,	dennoch,
маршрут	Route, Linie	ол да буоллар	trotzdem
мас	Baum, Holz	олоҥхо	(jakutisches
махтал	Dank		Heldenepos)
махтан-	danken	олоппос	Stuhl
миин-	aufsitzen, reiten	олор-	sich setzen,
мин	ich		sitzen, wohnen
мин	Suppe	олорт- (олорд-)	setzen, pflanzen
минньигэс	süß	олох	Leben
моркуоп	Möhre	олунньу	Februar
Москва	Moskau	олус	sehr
мотуор	Motor	онно	dorthin, dort
мунньах	Versammlung	оннук	so, derartig
муора	Meer	онтон	dann, danach
муоста	Brücke	ону таһынан	außerdem
мурун (мунн-)	Nase	оҥор-	herstellen,
муус	Eis		machen
муус устар	April	оонньооччу	Spieler
муһун- (муст-)	sich versammeln	оонньуу	Spiel
мүнүүтэ	Minute	оптуоруннььук	Dienstag
мэлдьи	immer	оргуй-	kochen, sieden
		ордук	mehr, besser
н		орон	Schlafplatz, Bett
наада	notwendig	орто	Mitte
наһаа	überaus, zu sehr	орун (онн-)	Platz, Stelle
ниэмэс	Deutsche(r)	оскуола	Schule
норуот	Volk	остуоруйа	Geschichte,
нуучча	Russe, Russin		Märchen
нэдиэлэ	Woche	остуол	Tisch
		оһох	Ofen
о		от	Gras, Heu
оҕо	Kind	от ыйа	Juli
оҕонньор	alter Mann	отон	Beere
(оҕонньоттор)		отонноо-	Beeren sammeln
оҕуруот	Gemüse	оттон	und, aber, jedoch
оҕус- (охс-)	schlagen, mähen	отут	dreißig
оҕут- (охт-)	(um)fallen	оччоҕо	damals
ойуун	Schamane		

ө

өй	Verstand, Sinn
өйдөө-	verstehen
өйдөөх	klug
өйдөс-	sich verstehen
өйүүн	übermorgen
өл-	sterben
өлөр-	töten, erlegen
өрөбүл	Ausgehtag
өрүс	Fluss
өрүт (өтт-)	Seite
өссө	noch
өссө биирдэ	noch einmal
өтөн	Wildtaube
өтөх	Gehöft

п

поезд	Zug
помидор	Tomate

с

саамай	höchst
саас	Alter, Frühling
саахар	Zucker
саҕалаа-	anfangen
саҕалан-	beginnen
сад	Garten
сайын	(im) Sommer
сайыҥҥы	sommerlich
самолёт	Flugzeug
самыыр	Regen
санаа-	denken
санан-	beschließen
саҥа	neu
саҥар-	sprechen
сап-	schließen
сарсыарда	Morgen, morgens
сарсын	morgen
сарсыҥҥы	morgig
сарын (санн-)	Schulter
сатаа-	können, sich bemühen
сатыы	zu Fuß
саха	Jakute, Jakutin
Саха сирэ	Jakutien
сахалыы	auf Jakutisch
саһыл	Fuchs
силлиэ	Sturm
сир	Erde, Ort
сити	eben der hier
сиэ-	essen
сиэл	Mähne
соҕотоҕун	alleine (Adv.)
соҕуруу	Süden
сол	eben jener
солкуобай	Rubel
сонун	Neuigkeit
сот-	trocknen
сотору	bald
сотун-	sich abtrocknen
сөбүлэн-	einverstanden sein, zustimmen
сөбүлээ-	lieben, mögen
сөп	einverstanden, in Ordnung
спорт	Sport
станция	Bahnhof
субу	eben dieser
субуота	Samstag
суол	Weg
суолдьут	Fährtensucher
суох	nicht vorhanden, nicht anwesend
сурах	Nachricht
суруй-	schreiben
суруйааччы	Schriftsteller
сурук	Brief, Schreiben
сууй-	waschen
суумка	Tasche
суун-	sich waschen

сүөһү	Vieh
сүрдээх	furchtbar
сүтэр-	verlieren
сүүр-	laufen, rennen
сүүрбэ	zwanzig
сүүс	hundert
сыбаайба	Hochzeitsfest
сыл	Jahr
сылабаар	Samowar
сыллааха	im Jahre
сынньан-	ausruhen
сырдаа-	heller werden
сырыт- (сылдь-)	unterwegs sein, sich befinden
сыс-	schlagen
сыт-	sich legen, liegen
сытыы	scharf
сыыйа	schrittweise
сыыс-	sich irren
сэдэхтик	selten
сэрии	Krieg
сэрэдэ	Mittwoch
сэрэй-	spüren, ahnen
сэттинньи	November
сэттэ	sieben
сэттэ уон	siebzig

т

таас	Stein
таба	Rentier
табаҕы тарт-, табахтаа-	rauchen
табыгастаах	bequem
таҕыс- (тахс-)	hinausgehen
таҥас	Kleidung
таҥын- (таҥн-)	sich ankleiden
таптаа-	lieben
тараа-	kämmen
таран-	sich kämmen
тас	Außenseite
тахаар-	hervorholen
таһырдьа	(nach) draußen
тахса	mehr
телевизор	Fernsehen
тиис	Zahn
тий-	erreichen
тик-	stechen, nähen
тимир	Eisen
титирээ-	zittern
тиэтэй-	sich beeilen
тоҕо	warum, wozu
тоҕус (тохс-)	neun
тоҕус уон	neunzig
тол-	voll werden
толору	voll
тоҥ-	frieren
тоҥор-	einfrieren
тох-	ausgießen
тохсунньу	Januar
тохтоо-	stehen bleiben
тохтот-	anhalten
тохтуур сир	Haltestelle
төгүрүк	rund
төлөө-	bezahlen
төлөпүөн	Telefon
төнүн- (төнн-)	zurückkehren
төнүннэр-	zurückgeben
төрөө-	geboren werden
төһө	wie viel, wie sehr
төһө өр	wie lange
төһөҕө	um welches Maß
тула	Umkreis, herum
туом	Band (Buch)
туох	was
туох да (+ Neg.)	nichts
туох эрэ/ туох эмэ	etwas
тур-	stehen, aufstehen
туруор-	hinstellen
тус	Betreff, Bezug

тут-	(er)halten, fassen, erbauen	улахан	groß
		улуусса	Straße
тутулун- (тутулл-)	sich aufhalten	умун- (умн-)	vergessen
		университет	Universität
тутун- (тутт-)	sich festhalten; sich verhalten	уңк-	verehren
		уол (уолаттар)	Junge, Sohn
туундара	Tundra	уолдьас-	kommen (Zeit)
туус	Salz	уон	zehn
тууhаа-	salzen	уонна	und
тухары	im Verlauf, hindurch, entlang	уоскуй-	sich beruhigen
		ураты	verschieden
түннүк	Fenster	уратылаhыы	Unterschied
түөрт	vier	уруок	Unterricht
түөрт уон	vierzig	урут	früher
түргэн	schnell	устун	entlang, hinüber, hindurch
түс-	fallen		
түүн	Nacht, nachts	утары	entgegen; gegenüber
түүр	Türke, Türkin		
тыа	Wald	утуй-	(ein)schlafen
тыал	Wind	уу	Wasser; Schlaf
тыаhаа-	läuten, klingeln	уур-	setzen, stellen
тыл	Zunge, Sprache, Wort	yhaa-	länger werden
		уhугун- (уhукт-)	aufwachen
тылбаас	Übersetzung	уhугуннар-	wecken
тылбаастаа-	übersetzen	уhул- (уст-)	entfernen
тылбаасчыт	Übersetzer	уhун	lang
тылла эт-	eine Rede halten	уhун- (уст-)	(fort)schwimmen (Gegenstände)
тымный-	sich erkälten		
тымныы	kalt	учебник	Lehrbuch
тыс этэрбэс	Pelzstiefel	учуутал	Lehrer
тыhыынча	tausend		
тыылын- (тыылл-)	sich ausstrecken	**Ү**	
		үгүс (үкс-)	Mehrheit
У		үгүстүк	häufig, oft
тэң	gleich	үйэ	Jahrhundert, Leben
убай	älterer Bruder		
уйа	Nest	үксүн	größtenteils
улаат-	groß werden	үлүhүй-	sich begeistern
уларыс- (уларс-)	ausleihen	үлэ	Arbeit
		үлэлээ-	arbeiten

үлэһит	Arbeiter, arbeitsam	хаптаҕас	rote Johannisbeere
үөр-	sich freuen	хара	schwarz
үөрүү	Freude	харандаас	Bleistift
үөрүүлээх	erfreut	хараҥа	dunkel
үөрэн-	studieren	хараҥар-	dunkel werden
үөрэнээччи	Schüler	харах	Auge
үөрэт-	lehren, erlernen	харбаа-	schwimmen (Lebewesen)
үөскэт-	züchten		
үөһэ	nach oben, oben	харчы	Geld
үр-	wehen; bellen	харыстан-	sich schonen, sich hüten
үрк-	erschrecken		
үрүҥ көмүс	Silber	хас	wie viele
үрүт (үрд-)	Oberseite	хас да	einige, mehrere
үс	drei	хаста	wie viele Male
үтүлүк	Fausthandschuhe	хастыы	je wie viele
үүннэр-	anpflanzen	хат	Mal, Grad, Stufe
үүт	Milch	хатаа-	abschließen
үһү	wie man sagt	хатыҥ	Birke
үчүгэй	gut	хаһан	wann
		хаһан да (+ Neg.)	niemals
х		хаһан эмэ	irgendwann
хаал-	bleiben	хаһыа(н)	zu wievielt
хаамп-	gehen, schreiten	хаһыат	Zeitung
хаар	Schnee	хаһыс	der wievielte
хайа	Berg	хачча	wie sehr
хайа	welcher	хойутаа-	sich verspäten
хайдах	wie geartet	хойуутук	oft
хайыы-үйэ(ҕэ)	schon	холон-	sich bemühen
халлаан	Himmel, Wetter	хомой-	bekümmert sein
халыҥ	dick, dicht	хомолтолоох	bedauerlich
халыҥаа-	dicht werden	хомуй-	sammeln
хам баттаа-	klemmen	хон-	übernachten
ханна	wohin, wo	хонук	Tag (und Nacht)
ханна баһарар	überall (hin)	хортуоска	Kartoffel
ханна да (+ Neg.)	nirgends (hin)	хос	Zimmer
ханна эмэ, ханна эрэ	irgendwo(hin)	хоһоон	Gedicht
		хоһоонньут	Dichter
ханнык	was für ein	хоту	Norden
хантан	woher	хотун (хотуттар)	Herrin

ч

чаанньык	Teetopf
чаас	Stunde
чааскы	Tasse
чаһы	Uhr
чугас	nahe
чыыһыла	Zahl, Datum
чэ	auf, los
чэй	Tee
чэппиэр	Donnerstag

ы

ыал	Nachbar
ыалдьыт	Gast
ыалдьыттаа-	besuchen
ыам ыйа	Mai
ыарахан	schwierig
ыарый- (ыалдь-)	schmerzen, krank sein
ый	Mond, Monat
ыйаа-	abwiegen
ыйыт-	fragen
ыл-	nehmen
ыла	von ... an, seit
ыллаа-	singen
ыңыр-	rufen, einladen
ыңырыы	Einladung
ыңыыр	Sattel
ыраас	sauber
ыраастаа-	säubern
ырбаахы	Hemd
ырыа	Lied
ырыаһыт	Sänger
ыскаап	Schrank
ыт	Hund
ытты-	hinuntersteigen
ытый-	aufwirbeln
ытын- (ытт-)	hinaufsteigen
ытыр-	beißen
ыыт-	schicken

э

эбиэт	Mittagessen
эбиэттээ-	zu Mittag essen
эбэ	Großmutter
эбэтэр	oder
эбэтэр ... эбэтэр	entweder ... oder
эҕэрдэлээ-	gratulieren
эдэр	jung
элбэх	zahlreich, viel(e)
эмискэ	plötzlich
эмиэ	auch
эмп (эм-)	Medikament
эмээхсин (эмээхситтэр)	alte Frau
эн	du
эппиэт	Antwort
эппиэттээ-	antworten
эр-	(Hilfsverb) sein
эр (эрэттэр)	Mann
эргий-	sich drehen
эргэ	alt (Gegenstände)
эрдэ	früh
эрий-	drehen, anrufen
эрэ	nur
эрэн-	hoffen
эрээри	obwohl, trotzdem
эһиги	ihr
эһиил	nächstes Jahr
эһэ	Bär; Großvater
эт	Fleisch
эт-	sagen
этээс	Etage
этэ	er war

я

яблоко, яблока	Apfel

Sachregister

Ablativ 16, 25 f., 50
Ablativus partitivus 22
Absicht 58, 60, 74, 106
Adjektiv 24 ff.
Adjektivbildung 115
Adverb 27
Adverbbildung 25, 118
Äquativ 118
Akkusativ 14, 49
Alphabet 1
Alter 42
Alternativfragen 35
Approximativzahlen 37
Artikel 11
Assimilation von Konsonanten 6, 9
Attribut 24, 28
Aufforderungsformen 63 ff.
Betonung 10
буол- 52, 75
баар 15, 22, 52, 86
Bruchzahlen 42
Buchstabenfolge 7
Dativ 13, 49
Datum 40
Deklination 13 ff.
Demonstrativpronomina 28
Dezimalangaben 42
Distributivzahlen 43
dürfen 90, 91
э-, эр- 52, 93, 102
эбит 53, 73, 80
этэ 54, 74
episodisches Perfekt 72
Erzählperfekt 71
es 30
Fähigkeit 85, 101

Finalsätze 103, 105
Fragepartikeln 35
Futur 60, 65, 68, 90
Futur II 76
gehören 30
Genitiv 20
Gewohnheit 113, 114
Großschreibung 2
haben 15, 22, 115
Hilfsverb *sein* 51 ff.
Hilfsverben 96, 99
historisches Präsens 59
илик 54, 94
Imperativ 64 ff.
Indefinitpronomina 33
indirekte Fragesätze 83
Infinitiv 57, 81
Instrumental 17
Intensivformen des Adjektivs 26
Interrogativpronomina 33 f.
Kardinalzahlen 36
Kasus 13
Kausalsätze 83, 98, 103, 104, 107
Kausative Verbstämme 121
können 85, 101
Kollektivzahlen 37
Komitativ 19
Komparativ 19, 25
Konditional 78, 92
Konjunktionen 108
Konsonantenharmonie 4
Konsonantenhäufung 8
Konverbien 95 ff.
Konzessivsätze 78, 98, 109
Lautgesetze ff.
Lautlehre 1

Limitativzahlen 38
Lokativ 15
man 33
Mengenangaben 12
Modalsätze 95
mögen 63
Möglichkeit 85
Multiplikativzahlen 38
müssen 60
Nebensätze 82, 126
Negation 51, 57, 116
negierte Adjektive 116
Nezessitativ 67 f.
Nominativ 11, 44
Optativ 63
Ordinalzahlen 40
Partikeln 110
Partitiv 18
Partizipien 57, 81 ff.
Passiv 122
Perfekt 54, 69 ff., 87
Personalendungen 51, 56 ff.
Personalpronomina 29
Plural 12
Plusquamperfekt 74
Possessivpronomina 30
Possessivsuffixe 20
Postpositionen 44 ff.
Potential 62
Prädikatsnomen 57
Präsens 51, 58, 82
Präsumptiv 61
Präteritum 56, 77
Pronomina 28 ff.
Prozentangaben 43
Reduzierung von Vokalen 7
Reflexive Verbstämme 119
Reflexivpronomen 31

Relativsätze 81 ff.
Reziproke Verbstämme 120
Reziprokes Pronomen 32
Singular 11
sollen 63, 66
Sprachbezeichnungen 118
subjektives Perfekt 70
Subjektkasus 11
Substantiv 11 ff.
Substantivbildung 113 f.
Suffixbildung 2
Superlativ 26
cyox 15, 22, 52, 60, 86
Temporalsätze 84, 85, 88, 91, 92, 94, 98, 104, 106
Themasuffix 57
Uhrzeit 39
unbestimmter Artikel 11, 24
Ursache 16
Verallgemeinernde Relativsätze 80
Verbaladverbien s. Konverbien
Verbalkompositionen 96 ff.
Verbalnomina 81 ff.
Verbalsubstantive 81 ff.
Verbbildung 119
Vermutung 53
Vokalharmonie 3
Vokalausfall 8
Vollverb 57 ff.
Wegstrecke
wollen, *wünschen* 60, 91
wörtliche Rede 103
Wortbildung 113 ff.
Zahlen 36 ff.
Zugehörigkeitssuffix 117
Zusammengesetzte Substantive 23
Zusammengesetzte Verbformen 73 f.

Literaturverzeichnis

Böhtlingk, Otto.: Über die Sprache der Jakuten. The Hague 1851

Buder, Anja: Aspekto-temporale Kategorien im Jakutischen. Wiesbaden 1989

Károly, László: Deverbal nominals in Yakut. A historical approach. Wiesbaden 2013

Krueger, John Richard: Yakut Manual. The Hague 1962

Monastyrjew, Wladimir: Jakutisch. Kleines erklärendes Wörterbuch des Jakutischen. Wiesbaden 2006

Poppe, Nikolaus: Das Jakutische. Philologiae Turcicae Fundamenta 1959, S. 671 – 684

Poppe, Nikolaus: Die jakutische Sprache. Handbuch der Orientalistik, Turkologie. 1963, S. 53 – 60

Stachowski, Marek; Menz, Astrid: Yakut. The Turkic Languages. London 1998, S. 417 – 433

Kirişçioğlu, Fatih: Saha (Yakut) Türkçesi grameri. Ankara 1999

Антонов, Н. К.: Якутский язык. Языки мира. Тюркские языки. Москва 1997, S. 513 – 524

Афанасьев, П. С.; Харитонов, Л. Н.: Русско – Якутский словарь. Москва 1968

Колодезников, С. К.; Колодезникова, Л. Д.; Колодезникова, В. С.: Саха тыла. Самоучитель якутского языка. Якутск 2010

Коркина, Е. И.; Убрятова, Е. И.: Грамматика современного якутского литературного языка. Фонетика и морфология. Москва 1982

Харитонов, Л. Н.: Самоучитель якутского языка. Якутск 1987

Ястремский, С. В.: Грамматика якутского языка. Москва 1938

Angelika Landmann
Türkisch
Grammatisches Lehrbuch für
Anfänger und Fortgeschrittene
Mit einer CD im MP 3-Format zu
sämtlichen Lektionen sowie mit
alphabetischem Wörterverzeichnis
und Übungsschlüssel
3., überarbeitete Auflage
*2015. VIII, 260 Seiten, 45 Abb., 2 Diagramme, 1 Karte, über 400 Tabellen, br
ISBN 978-3-447-10517-0   € 39,80 (D)*

Angelika Landmanns grammatisches Lehrbuch richtet sich an Anfänger und Fortgeschrittene und eignet sich für den Unterricht sowohl an Universitäten als auch an Volkshochschulen. Das Niveau entspricht dem Gemeinsamen Europäischen Referenzrahmen A1–B2.

Da sich das Türkische zum einen in seinem Aufbau grundlegend von den westlichen Sprachen unterscheidet, zum anderen aber sehr regelmäßig ist, wird in insgesamt 84 übersichtlichen Lektionen, die sich in ihrer Reihenfolge am praktischen Spracherwerb orientieren, zunächst die Grammatik erläutert und anhand von Tabellen und einfachen Beispielen veranschaulicht. Ein jeweils anschließender Übungsteil umfasst kurze Sätze und Dialoge, die das Gelernte vertiefen, sowie Dialoge und Texte zu Themen des Alltags wie zur Landeskunde und Geschichte der Türkei. Auf die Lektionen folgen ein Schlüssel zu den Übungen, eine Vokabelliste zu den einzelnen Lektionen und ein alphabetisches Wörterverzeichnis. Der Anhang enthält Übersichten über die behandelten türkischen Suffixe, die türkischen Verbformen sowie die deutschen Nebensätze und ihre türkischen Entsprechungen.

Angelika Landmann
Türkisch
Tabellen zur Deklination
und Konjugation
*2009. VI, 128 Seiten, br
ISBN 978-3-447-06138-4   € 14,80 (D)*

Angelika Landmanns Tabellen zur Deklination und Konjugation im Türkischen bieten einen raschen Überblick über die Deklinationen von Substantiven sowie über die wichtigsten Zeiten und Modi von Verben. Das Türkische besitzt keine starken oder schwachen Verben und auch keine unterschiedlichen Deklinationsmuster. Im Unterschied zu flektierenden Sprachen drückt es seine grammatischen Funktionen durch eine Vielzahl von Suffixen aus, die gleichzeitig sehr markanten Lautgesetzen unterliegen.

Viele Formen ähneln einander oder sind bisweilen trotz unterschiedlicher Bedeutung identisch. Die Tabellen zur Deklination und Konjugation helfen, sich leichter zurechtzufinden und stellen zugleich eine ideale Ergänzung zu jedem türkischen Lehrwerk dar.

HARRASSOWITZ VERLAG · WIESBADEN
www.harrassowitz-verlag.de • verlag@harrassowitz.de

Angelika Landmanns Kurzgrammatiken erläutern die Grundlagen der aserbaidschanischen, türkischen, tatarischen, usbekischen, kirgisischen, uighurischen, kasachischen, turkmenischen, tschuwaschischen und baschkirischen Sprache knapp, übersichtlich und leicht verständlich. Die systematisch nach grammatischen Kategorien gegliederten Inhalte werden anhand von Tabellen und Beispielsätzen aus der Alltagssprache veranschaulicht. Damit richten sich die Grammatiken sowohl an Personen, die bereits über Kenntnisse der Turksprachen verfügen, als auch an linguistisch Interessierte ohne Vorkenntnisse, die sich einen raschen Überblick über die Strukturen der Sprachen verschaffen wollen. Der Aufbau ist an Landmanns ebenfalls bei Harrassowitz erschienener türkischer Kurzgrammatik orientiert und erlaubt ein vergleichendes Studium der Turksprachen.

Zusätzlich enthalten die Grammatiken Anhänge mit Übersichten über die häufigsten Suffixe, Deklinationen der Substantive, Verbformen, die deutschen Nebensätze mit ihren jeweiligen Entsprechungen sowie alphabetische Vokabelverzeichnisse und Sachregister.

Türkisch
2009. 119 Seiten, br
ISBN 978-3-447-06061-5
€ 14,80 (D)

Usbekisch
2010. VI, 131 Seiten, br
ISBN 978-3-447-06289-3
€ 18,80 (D)

Kirgisisch
2011. VII, 129 Seiten, br
ISBN 978-3-447-06507-8
€ 18,80 (D)

Uighurisch
2012. VIII, 143 Seiten, br
ISBN 978-3-447-06680-8
€ 18,80 (D)

Kasachisch
2012. VIII, 130 Seiten, br
ISBN 978-3-447-06783-6
€ 18,80 (D)

Turkmenisch
2013. VIII, 137 Seiten, br
ISBN 978-3-447-07002-7
€ 18,80 (D)

Aserbaidschanisch
2013. VII, 122 Seiten, br
ISBN 978-3-447-06873-4
€ 18,80 (D)

Tatarisch
2014. 148 Seiten, br
ISBN 978-3-447-10163-9
€ 18,80 (D)

Tschuwaschisch
2015. VIII, 140 Seiten, br
ISBN 978-3-447-10308-4
€ 19,80 (D)

Baschkirisch
2015. VIII, 143 Seiten, br
ISBN 978-3-447-10379-4
€ 19,80 (D)

HARRASSOWITZ VERLAG · WIESBADEN
www.harrassowitz-verlag.de • verlag@harrassowitz.de